EL DERECHO DE LAS PERSONAS TRABAJADORAS A UNA JORNADA CON CONCILIACIÓN LABORAL, FAMILIAR Y PERSONAL Y LA PERSPECTIVA DE GÉNERO

EL DERECHO DE LAS PERSONAS TRABAJADORAS A UNA JORNADA CON CONCILIACIÓN LABORAL, FAMILIAR Y PERSONAL Y LA PERSPECTIVA DE GÉNERO

María del Carmen Peral López

Colección: Laboral

Director:
José Ignacio García Ninet
(Catedrático de Derecho del Trabajo y de la Seguridad Social)

Este libro ha sido sometido a un riguroso proceso de revisión por pares.

© 2025 María del Carmen Peral López

© 2025 Atelier
    Santa Dorotea 8, 08004 Barcelona
    e-mail: atelier@atelierlibros.es
    www.atelierlibrosjuridicos.com
    Tel. 93 295 45 60

I.S.B.N.: 979-13-88096-18-1
Depósito legal: B 24023-2025

Diseño y composición: Addenda, Pau Claris 92, 08010 Barcelona
               www.addenda.es
Impresión: Safekat

A María e Ignacio

Sumario

I. INTRODUCCIÓN

El origen del Derecho del Trabajo va unido a la regulación de la jornada laboral y sus primeras normas son de protección a las personas trabajadoras más vulnerables, los niños, niñas y adolescentes, y las mujeres, dentro del contexto de la maternidad y los cuidados.

Por tanto, tanto en la elaboración de la normativa como en su aplicación y en la jurisdicción social no hay que perder de vista el sesgo de género de la ordenación del tiempo de trabajo y de no trabajo, en la compaginación de aquel con el tiempo para los cuidados, mediante la hermenéutica de la perspectiva de género.

En la actualidad, dos de los mecanismos de adaptación de la jornada que mayor importancia alcanzan, con relación a la conciliación de la vida personal y familiar con la vida laboral, son la reducción de jornada por cuidado de hijos y familiares y el derecho a la adaptación de la duración y distribución de la jornada, la reordenación del tiempo de trabajo.

Lo deseable sería que, la persona que tiene que hacerse cargo de los cuidados de hijas e hijos o de personas dependientes, no tuviera que hacer renuncias en el ámbito laboral, que pudiera encargarse de los cuidados de las personas a su cargo, con una adaptación de jornada en sus diferentes modalidades. Sin embargo, si opta por la reducción de jornada, esta medida conllevará una reducción de la remuneración, así como de las cotizaciones a la seguridad social, afectando a futuras prestaciones.

Por eso, esa esperada regulación de reducción de jornada, sin reducción de remuneración podría beneficiar, principalmente, a las personas trabajadoras que soliciten ejercer sus derechos conducentes a conciliar la prestación del trabajo con los cuidados de familiares y dependientes y en ello habrá que detenerse.

La adaptación podría consistir en la reducción del tiempo de trabajo, modificando la duración de la jornada a través de una reducción de ésta, sin que ello constituyera una modificación de condiciones de trabajo. También puede consistir en una afectación sobre la distribución y el régimen de jornada, para cumplir la persona trabajadora con sus responsabilidades de conciliación. Pero, contando con el complejo entramado de normativa nacional e internacional, a la hora de legislar y de aplicar la norma, no se puede obviar el impacto de género, teniendo en cuenta, además, el cambio cultural que valora cada vez más los tiempos de ocio y la integración entre la vida laboral y personal, o los resultados de la implantación de los avances tecnológicos, entre otros factores.

En cualquier caso, la clave está en la aplicación de la norma que, por mandato, tanto de la legislación internacional como nacional, ha de hacerse con perspectiva de género, es decir, tanto la interpretación de la norma, su puesta en práctica como las resoluciones judiciales que han de dirimir los conflictos derivados de la aplicación de la norma serán desde la hermenéutica de la perspectiva de género.

Por este motivo, se entiende necesario analizar la jurisprudencia, que viene a dar las pautas interpretativas de la norma a la hora de garantizar un derecho individual de la persona trabajadora, independientemente de la acreditación de una situación objetiva de necesidad de conciliación, algo que se está exigiendo, lamentablemente, con frecuencia, ya que, el derecho de adaptación se configura, en el artículo 34.8 del Real Decreto Legislativo 2/2015, de 23 de octubre, por el que se aprueba el texto refundido de la Ley del Estatuto de los Trabajadores (TR-LET), como un derecho de titularidad individual, cuyo ejercicio no ha de condicionarse a la existencia de una necesidad insuperable de conciliar, derivada de la imposibilidad de atender la conciliación a través de otras medidas o con ayuda de otras personas.

A lo largo de este estudio, se hará un recorrido normativo desde los primeros preceptos que regulaban, en el incipiente derecho del trabajo, la jornada laboral, los derechos constitucionales de conciliación, es decir, el mantenimiento del equilibrio en las diferentes dimensiones de la vida con el fin de mejorar el bienestar, la salud y la capacidad de trabajo personal, hasta la reciente jurisprudencia de nuestros tribunales ,que garantiza los derechos de conciliación de las personas trabajadoras, desde la racionalidad y la proporcionalidad, habida cuenta de la dificultad de unificación de doctrina, en esta materia, y contando con el dato irrefutable de la feminización de los cuidados. De este análisis se examinarán las consecuencias negativas de una interpretación restrictiva del ejercicio de estos derechos, que, al no valorar adecuadamente en clave constitucional, con la obligada perspectiva de género, suponen una discriminación indirecta de las mujeres trabajadoras, por ser ellas quienes mayoritariamente los solicitan y necesitan ejercerlos.

II. Evolución de la Normativa Reguladora de la Jornada Laboral

El origen del Derecho del Trabajo, como disciplina autónoma, se enraíza en las primeras normas sobre la jornada y los descansos. Las primeras normas que regulan el derecho del trabajo, aún sin ser todavía una disciplina propia en nuestro sistema jurídico, como en otros sistemas jurídicos europeos[1], versan sobre la jornada laboral. Esa normativa, en un principio respondía a la labor tuitiva de este orden jurídico, de protección de los estratos débiles del mercado de trabajo, fundamentalmente en la protección de menores haciendo hincapié en límites de edad y en determinadas horas de la jornada (trabajos nocturnos)[2], ampliándose más tarde a diferentes sectores. En esa expansión protectora, ya en el siglo XX, comienzan a regu-

---

1. RAMM, Thilo (1986). El laissez-faire y la protección de los trabajadores por parte del Estado. En Hepple, B. (Ed.), *La formación del derecho del trabajo en Europa. Análisis comparado de la evolución de nueve países hasta el año 1945.* traducción española (1994). Madrid: MTSS, pp. 113 y ss.

2. En su exposición a las Cortes, Benot señaló: "Los fabricantes han fijado privilegiadamente su atención en los niños y las mujeres, porque su trabajo pide menor recompensa que el trabajo de los hombres" (Diario de Sesiones, 24 de julio de 1873). Ley de 24 de julio de 1873, (Ley Benot). Publicada en Gaceta de Madrid, n.º 209, de 28 de julio de 1878, p. 250. https://www.boe.es/datos/pdfs/BOE/1878/209/A00250-00250.pdf

larse las condiciones laborales de mujeres y niños (Ley de 13 de marzo de 1900)[3] ampliándose a varias actividades[4].

El factor tiempo y las condiciones de la jornada laboral, se han materializado en textos jurídicos tan relevantes como la Declaración Universal de los Derechos Humanos, en su artículo 24; el Pacto Internacional de Derechos Económicos, Sociales y Culturales, artículo 7; la Carta de los Derechos Fundamentales de la Unión Europea, artículo 31.2 o en el artículo 2 de la revisada Carta Social Europea. En España, «asumiendo una larga tradición de intervención legal en la materia»[5], la Constitución española, en el artículo 40.2, dentro del Capítulo de principios rectores de la política social y económica, hace referencia a la limitación de la jornada laboral en relación con la garantía del descanso necesario. En todos estos textos se hace mención, pero no se concreta la adecuada limitación máxima, como mucho se habla de una limitación «razonable» en la Declaración Universal y el Pacto Internacional o en la Carta Social, insistiendo ésta en que, «en la medida en que lo permitan el aumento de la

---

3. Cabe recordar que la Ley de 13 de marzo de 1900, fija las condiciones de trabajo de mujeres y niños, la prohibición de trabajar para menores de diez años, un máximo de 6 horas en establecimiento industriales y de ocho en los comercios, para niños de ambos sexos, «mayores de diez y menores de catorce», y la prohibición del trabajo nocturno a «los niños menores de ambos sexos menores de catorce años». Sirva también de ejemplo de regulación de los límites de la jornada a mujeres y niños, como el caso de la Ley de 11 de julio de 2012, de prohibición de trabajo industrial en horario nocturno para las mujeres.

4. GARCÍA NINET, José Ignacio (1975a). Elementos para el estudio de la evolución histórica del derecho español del trabajo: regulación de la jornada de trabajo desde 1855 a 1931 (I parte). *Revista de trabajo*, 51, 37-132; pp. 95 y ss. GARCÍA NINET, José Ignacio (1975b). Elementos para el estudio de la evolución histórica del derecho español del trabajo: regulación de la jornada de trabajo desde 1855 a 1931 (II parte). *Revista de trabajo*, 52, 5-124.

5. Pleno. Sentencia 210/1990, de 20 de diciembre. Cuestión de inconstitucionalidad 834/1985. En relación con la Disposición transitoria de la Ley 4/1983, de 29 de junio, de reforma del Estatuto de los trabajadores, en materia de jornada máxima legal y vacaciones mínimas. BOE núm. 9, de 10 de enero de 1991, pp. 69 a 73

productividad y otros factores pertinentes» se camine hacia una progresiva reducción de la «semana laboral».

Ese incipiente Derecho del trabajo, como rama autónoma e independiente del derecho común, llega de la mano de la constitución de la Organización Internacional del Trabajo (OIT), simbolizando un hito histórico en el desarrollo de esta disciplina, por cuanto marca el punto de su internacionalización[6]. Sobre la base de la justicia social, mediante el Tratado de Versalles, de 1919, se exige unas condiciones de vida mínimas para la población trabajadora. La existencia de condiciones de trabajo que producían injusticia, miseria y privaciones y que provocaban «un tal descontento que la paz y la armonía universales son puestas en peligro», era el punto de partida recogido en el Tratado de Versalles, de 28 junio de 1919, que puso fin a la Primera Guerra Mundial. Como parte del Tratado se constituyó la Organización Internacional del Trabajo, en concreto en la parte XIII, preámbulo de la sección I. La mejora de condiciones propuesta consistía, entre otras medidas, en «la fijación de una duración máxima de la jornada y de la semana de trabajo», reconociendo que «el bienestar físico, moral e intelectual de los trabajadores asalariados es de una importancia esencial desde el punto de vista internacional»[7]. Sirva de muestra la lista de «métodos y principios de reglamentación de las condiciones de trabajo... de importancia particular y urgentes» del art. 427, entre los que se encontraba «la adopción de la jornada de ocho horas o de la semana de cuarenta y ocho horas» y el descanso semanal de veinticuatro horas. Es en este contexto, para evitar que la miseria y la injusticia alteren la armonía universal, en el

---

6. LANDA ZAPIRAIN, Juan Pablo (2009) OIT, en A.A.V.V. *Enciclopedia laboral básica «Alfredo Montoya Melgar»*, Ed. Cizur Menor (Civitas), 2009, p. 950.
7. GOERLICH PESET, José María (2025). El trabajo y su tiempo. *Tiempo de trabajo y cambio climático XXXV Congreso Anual de la Asociación Española de Derecho del Trabajo y de la Seguridad Social* Valencia, 29 y 30 de mayo de 2025 COLECCIÓN INFORMES Y ESTUDIOS Serie Empleo Núm. 70, MINISTERIO DE TRABAJO Y ECONOMÍA SOCIAL Subdirección General de Informes, Recursos y Publicaciones RET: 25-2429.

panorama internacional, se fija, como objetivo fundacional de la OIT, coadyuvar, dentro del panorama internacional, al desarrollo y establecimiento de unas condiciones de equidad, seguridad y dignidad en el trabajo.

Esa meta a la que aspiraban los objetivos de los comienzos de la OIT todavía queda distante. Hoy en día, tales aspiraciones se sintetizarían bajo el concepto amplio de trabajo decente[8]. En el mismo texto, en Anexo, se programaba la primera sesión de la nueva Conferencia Internacional del Trabajo, cuyo primer punto del orden del día era, precisamente, la «aplicación del principio de la jornada de 8 horas o de la semana de 48 horas». Pues bien, llegada ésta primera sesión, en octubre de 1919 en Washington, se aprobó el primer convenio que versaba sobre las horas de trabajo (industria), 1919, núm. 1, así como los convenios núm. 4 (derogado por la OIT en 2017) y 6, sobre el trabajo nocturno de mujeres y menores en el mismo ámbito.

Será en 1935 cuando la OIT, en el art. 1.a) del convenio sobre las cuarenta horas, Convenio núm. 47, hará una previsión sobre la aplicación de la semana de cuarenta horas: «del principio de la semana de cuarenta horas, aplicado en forma tal que no implique una disminución del nivel de vida de los trabajadores». Así, los mismos postulados que confluyeron en la génesis de la OIT son los que fundamentan su actual existencia.

Por tanto, algunas de las cuestiones cruciales en materia de tiempo de trabajo, en la actualidad, son las mismas que llevaron a la adopción del primer Convenio de la OIT, el Convenio sobre las horas de trabajo (industria), 1919 (núm. 1). Con el trascurrir

---

8. MONEREO PÉREZ, José Luis (2018) *El trabajo decente*, (Dirs.) José Luis Monereo Pérez, Juan Gorelli Hernández y Ángel Luis de Val Tena, Granada (Comares), 2018. Se entiende por trabajo decente el que «sintetiza las aspiraciones de las personas durante su vida laboral. Significa la oportunidad de acceder a un empleo productivo que genere un ingreso justo, la seguridad en el lugar de trabajo y la protección social para las familias, mejores perspectivas de desarrollo personal e integración social, libertad para que los individuos expresen sus opiniones, se organicen y participen en las decisiones que afectan sus vidas, y la igualdad de oportunidades y trato para todos, mujeres y hombres».

de los años, tras abundante normativa sobre la limitación de la jornada laboral, ya en el marco de la Conferencia Internacional del Trabajo de 2018[9], que abordó la economía del cuidado dentro de sus discusiones generales sobre trabajo decente e igualdad de género. Se observa, seguramente atendiendo a esa previsión, una tendencia a la flexibilidad de la jornada laboral, consciente de la creciente necesidad de empleos en materia de cuidados y de las necesidades de conciliación. Por tanto, se pone de manifiesto que se ha de urgir a adoptar medidas respecto a la organización del trabajo referentes a los cuidados, en el marco de la triple R, reconocer, reducir y redistribuir el trabajo de cuidados, con el fin de proporcionar a las personas cuidadoras, mayoritariamente mujeres, trabajo digno y decente[10]

Son numerosos los Convenios y Recomendaciones de la OIT que se ocupan de esta cuestión, pero merecen atención detallada el ya mencionado Convenio n.º 1 de la OIT, de 1919, sobre las horas de trabajo en la industria, así como el Convenio n.º 30 de la OIT, de 1930, sobre las horas de trabajo en comercios y oficinas.

A la luz de estos de estos Convenios n.º 1 y n.º 30 de la OIT, ratificados por España, respectivamente, en 1929 y 1932[11], en nuestro país, es en el contexto de la revolución industrial, cuando se observa la necesidad de limitar la jornada laboral, con la protección fundamental de los sectores más vulnerables. Promovida por el ministro de Fomento Eduardo Benot, se lleva a

---

9. Conferencia Internacional del Trabajo. 107ª Reunión (2018). *Garantizar un tiempo de trabajo decente para el futuro,* p. 3.
https://www.ilo.org/sites/default/files/wcmsp5/groups/public/@ed_norm/@relconf/documents/meetingdocument/wcms_618490.pdf
10. ALVAREZ CUESTA, Henar. (2025) Formas de trabajo y distribución de su tiempo y cambio climático. *XXXV Congreso Anual de la Asociación Española de Derecho del Trabajo y de la Seguridad Social* Valencia, 29 y 30 de mayo de 2025 COLECCIÓN INFORMES Y ESTUDIOS Serie Empleo Núm. 70, MINISTERIO DE TRABAJO Y ECONOMÍA SOCIAL Subdirección General de Informes, Recursos y Publicaciones RET: 25-2429; p. 112.
11. MANEIRO VÁZQUEZ, Yolanda (2015) Los Convenios de la OIT en el Derecho español, en *RMESS,* n.º 117/2015, pp. 261 y ss.

su aprobación la Ley de 24 de julio 1873, estableciendo que «No excederá de cinco horas cada día, en cualquier estación del año, el trabajo de los niños menores de 13, ni de las niñas menores de 14» (art. 2°) y que «tampoco excederá de ocho horas el trabajo de los jóvenes de 13 a 15 años ni el de las jóvenes de 14 a 17» (art. 3°). En la exposición de esta Ley a las Cortes, se vislumbra que esta norma tenía un interés más allá de la protección a las mujeres y niñas, niños y adolescentes, de hecho, Benot así lo señaló expresando que «Los fabricantes han fijado privilegiadamente su atención en los niños y las mujeres, porque su trabajo pide menor recompensa que el trabajo de los hombres»[12], aunque el avance fue parvo debido al escaso cumplimiento que tuvo esta norma[13]. Mediante el Real Decreto de 13 de noviembre de 1900, reglamento para la aplicación de la Ley de 13 de marzo, la jornada máxima resultó modificada, pero sin diferenciar por razón de sexo, sólo recogía, puntualmente, regulación en casos concretos, como el trabajo nocturno y el número máximo de horas consecutivas sin descanso[14].

Pero hasta 1919, con el Real Decreto de 3 de abril, no se dispuso, sin distinciones, la jornada máxima legal de ocho horas diarias, como mínimo de derecho necesario, dejando los pactos

---

12. MARTÍNEZ PEÑAS, Leandro (2011). Los inicios de la legislación laboral española: La Ley Benot, *Revista Aequitas: Estudios sobre historia, derecho e instituciones*, n°1, p. 30

13. MARTÍN VALVERDE, Antonio (1987) La formación del derecho del trabajo en España, en AA.VV., *La legislación social en la historia de España. De la revolución liberal a 1936*, Ediciones Congreso de los Diputados; MARVAUD, Ángel (1975) *La cuestión social en España*, (Garín, J. J., trad.), Ediciones Revista de Trabajo, pp. 288 y ss.

14. Sirva como ejemplo lo dispuesto en el artículo 6° del Real Decreto por el que «los niños de ambos sexos mayores de diez y menores de catorce años podrán ser admitidos al trabajo por tiempo que no excederá de seis horas, en los establecimientos industriales y de ocho en los mercantiles», pese a que «los mayores de catorce años y menores de dieciséis que estén ocupados en las labores nocturnas no podrán trabajar en ellas más de cuatro horas consecutivas, sin los descansos a los que se refiere el art. 4° de la Ley». La finalidad de estas normas era garantizar una formación básica y proteger la salud de estos colectivos vulnerables.

de mejora a la autonomía de la voluntad[15]. Posteriormente, por Real Orden de 15 de enero de 1920, se permitiría excepcionalmente el cómputo semanal de la jornada cuando la naturaleza del trabajo no admitiera la distribución uniforme o hubiera un acuerdo por conveniencia mutua de obrero y patrono. Se legisló, en la Segunda República española, incluyendo las exclusiones, reducciones y ampliaciones (como la de hasta setenta y dos horas semanales para guardas y vigilantes), previendo la realización de horas extraordinarias que se pagarían con un recargo mínimo del 25 por 100 (50% en el caso de las mujeres) y 40% si se prestaran durante la noche, en domingo o excedieran de las diez primeras diarias[16].

A pesar de que nunca fue ratificado por España el Convenio n.º 47 de la OIT, de 1935, parece oportuno hacer mención a éste, en atención al desempleo y la conveniencia de que los trabajadores también participen de los beneficios del progreso tecnológico, promueve la implantación generalizada de las cuarenta horas de trabajo a la semana. A su vez también es conveniente aludir a la Recomendación n.º 116 de la OIT, de 1962, que, en consideración a estos mismos valores, preconiza la reducción progresiva de la duración normal del trabajo, sin que ello suponga, claro está, rebaja alguna de los derechos retributivos, medida con efectos positivos en el ejercicio de los derechos de conciliación de la vida laboral, familiar y personal.

En España, en el art. 40.2 de la Constitución, siguiendo el modelo tradicional de regulación de la jornada que contrapone

---

15. *Vid.* EZQUERRA ESCUDERO, Luis (2006). *Tiempo de trabajo en España: aproximación histórica. Desde la emergencia del Derecho Social hasta el Estatuto de los trabajadores de 1980,* Ed. Atelier, pp. 30 a 33, que apunta que seguirían vigentes las jornadas inferiores existentes tales como la Ley de 27 de diciembre de 1910 sobre jornada máxima de trabajo en las minas.

16. Afirma EZQUERRA ESCUDERO, Luis (2006) en *Tiempo de trabajo en España* (pp. 44 y 45) que se admitieron pactos globales de retribución de una jornada ordinaria y extraordinaria que, en muchos casos, encubrían una jornada fija superior a la legal, compensada con una retribución global que no permitía comprobar si realmente se había abonado el correspondiente recargo.

los tiempos de trabajo a los de descanso, se contempla la garantía del «descanso necesario, mediante la limitación de la jornada laboral» y «las vacaciones periódicas retribuidas» conectando con la «seguridad e higiene en el trabajo». A su vez, en el apartado 1, encomienda, a las políticas públicas de tiempo de trabajo y las de empleo, un encargo especial. Tal es el de realizar una «política orientada al pleno empleo», ubicando este precepto en el capítulo III del título I CE, entre los principios rectores de la política social y económica, cuya eficacia directa es muy limitada, no teniendo gran relevancia tiempo de trabajo[17] en la CE y, derivándose este papel a la ley, a través del Estatuto de los Trabajadores al que se refiere el art. 35.2 CE.

Una abundante normativa ha regulado durante años los límites de la jornada laboral en nuestro país. Con la Ley 4/1983, de 29 de junio, se dispone que «La duración máxima de la jornada ordinaria de trabajo será de cuarenta horas semanales de trabajo efectivo», con un parón normativo posterior, que no por vía convencional[18]. Este motivo, entre otros, es el que ha llevado al intento de legislar sobre la materia recientemente, como así se ha recogido en la exposición de motivos de un proyecto de ley (aprobado por Consejo de Ministros, en mayo de 2025 y

---

17. MOLINA NAVARRETE, Cristóbal. (2002). El derecho a la seguridad y salud en el trabajo. El derecho a la mejora de las condiciones de trabajo. El derecho al descanso. En Molina Navarrete, C. (coord.), Monereo Pérez, J. L. (coord.) & Moreno Vida M. N. (coord.), *Comentario a la constitución socio-económica de España* (pp. 1393-1424). Granada: Comares. *Vid.* LÓPEZ BALAGUER, Mercedes (2003). La ordenación del tiempo de trabajo. En Martín Jiménez, R. y Sempere Navarro A. V. (Eds.), *El modelo social en la Constitución española de 1978* (pp. 409-432)
18. Como afirma el profesor Eduardo ROJO TORRECILLA, parece que el reloj se ha parado en 1983 a efectos legales, que no convencionales, con diferencias en distintos sectores de actividad. ROJO TORRECILLA, Eduardo (2025) Duración del tiempo de trabajo, empleo y cambio climático en *Tiempo de trabajo y cambio climático XXXV Congreso Anual de la Asociación Española de Derecho del Trabajo y de la Seguridad Social* Valencia, 29 y 30 de mayo de 2025 COLECCIÓN INFORMES Y ESTUDIOS Serie Empleo Núm. 70, MINISTERIO DE TRABAJO Y ECONOMÍA SOCIAL Subdirección General de Informes, Recursos y Publicaciones RET: 25-2429, p. 76

rechazado por el Congreso posteriormente)[19] con la finalidad de una intervención legal igualadora, «para compensar la insuficiencia en la negociación de determinados sectores, evitando diferencias injustas a todas luces», insistiendo en que, la duración máxima de la jornada ordinaria de trabajo sin reducción de salario deviene de un imperativo moral y político, en aras de la justicia social y económica, la conciliación de la vida laboral, familiar y personal, y por tanto, la mejora de la calidad de vida de la ciudadanía. En ese proyecto de ley se recoge, en el art 34.1, que «La duración máxima de la jornada ordinaria de trabajo será de treinta y siete horas y media semanales de trabajo efectivo de promedio en cómputo anual», aunque, por ahora, sólo se ha quedado en un intento legislativo.

Volviendo al ámbito de la Unión Europea, la regulación en materia de tiempo de trabajo[20] ha supuesto un hecho jurídico político muy relevante en la construcción del proyecto europeo, pese a las resistencias planteadas por gobiernos, como el del Reino Unido[21]. Con la Directiva 89/391/CEE19, la protección de la salud de las personas trabajadores se convirtió en un compromiso por parte de los diferentes Estados miembros, para asegurar un derecho laboral en esta materia.

Ante los incumplimientos más relevantes por parte de la normativa española que incidían en la dimensión cualitativa de la jornada[22] y lo señalado en Informes de la Comisión de Ex-

---

19. Aprobado por Consejo de Ministros, en mayo de 2025 (BOCG 16 mayo 2025, n° 58.1, p.1) y rechazado por el Congreso el 10 de septiembre de 2025 al prosperar las enmiendas a la totalidad.

20. Directiva 93/104/CE del Consejo, 23 de noviembre 1993, relativa a determinados aspectos de la ordenación del tiempo de trabajo.

21. Así, se solicitó por parte del Gobierno del Reino Unido que se anulase la Directiva 93/104/CE invocando el error de la base jurídica y la violación del principio de proporcionalidad. Sentencia del Tribunal de Justicia en el asunto C-84/94, Reino Unido/Consejo.

22. Así SALIDO BANÚS, José Luis; BARCELÓ FERNÁNDEZ, Jesús (2015) El tiempo de trabajo: los compromisos asumidos por España por la ratificación de los diferentes convenios de la OIT y su cumplimiento por la ley y los convenios colectivos, en *RMESS*, n°117/2015, p. 217

pertos en Aplicación de Convenios y Recomendaciones[23], que recogen que la normativa española presenta una serie de deficiencias respecto a los umbrales definidos por la OIT, en materia de distribución y, sobre todo, concentración del tiempo de trabajo, se regula en España nuevamente sobre la jornada laboral. El Real Decreto-ley 8/2019, de 8 de marzo[24], reguló, mediante la introducción de un apartado 9 en el artículo 34 del TRLET, el registro diario de la jornada de trabajo, que debe garantizar la empresa y que deberá organizarse y documentarse mediante la negociación colectiva o, en su defecto, decisión del empresario, previa consulta con los representantes legales de los trabajadores en la empresa[25]. Los objetivos de la regulación de este instrumento eran, según la exposición de motivos de la norma, garantizar el cumplimiento de los límites en materia de jornada, crear un marco de seguridad jurídica para las personas trabajadoras y las empresas, y posibilitar el control por la Inspección de Trabajo y Seguridad Social[26].

Fundamentados en el impacto negativo que sobre la salud proyecta la existencia de jornadas de trabajo prolongadas, de-

---

23. Presentados en las Reuniones 98ª, de 2009, y 103ª, de 2014, de la Conferencia Internacional del Trabajo: https://www.ilo.org/public/libdoc/ilo/P/09663/09663(2009-98-1A).pdf https://www.ilo.org/public/libdoc/ilo/P/09663/09663(2014-103-1A).pd
24. Real Decreto-ley 8/2019, de 8 de marzo, de medidas urgentes de protección social y de lucha contra la precariedad laboral en la jornada de trabajo. BOE núm. 61, de 12 de marzo de 2019, páginas 23156 a 23181.
25. *Vid.* SÁEZ LARA, Carmen (2020) Registro salarial e igualdad retributiva entre mujeres y hombres tras el RDL 6/2019: una primera aproximación. *Revista Derecho Social y Empresa*, ISSN-e 2341-135X, Nº. 12, 2020 (Ejemplar dedicado a: Reformas en materia de igualdad entre hombres y mujeres), pp. 37-60.
26. CONSEJO ECONÓMICO Y SOCIAL ESPAÑA Sesión ordinaria Pleno de 26 de febrero de 2025.
Sobre el Anteproyecto de Ley para la Reducción de la duración máxima de la jornada ordinaria de trabajo, el registro de jornada y el derecho a la desconexión DEPARTAMENTO DE PUBLICACIONESNICES: 878-2025. *Colección Dictámenes* Número 1/2025

vienen los principales argumentos que justifican la reducción del tiempo de trabajo. De la mano del estudio sobre riesgos laborales, no faltaron razones que mostraran como la aparición de la fatiga incrementa las probabilidades de que las personas trabajadoras sufran un accidente de trabajo o de que se padezcan enfermedades, haciendo hincapié en las mentales, constatando la estrecha relación existente entre trabajo, tiempo y salud. No obstante, conviene recordar la importancia, tanto de la reducción cuantitativa de la jornada de trabajo como de su regulación cualitativa. El factor cualitativo de la regulación del tiempo de trabajo resulta muy relevante a estos efectos, en relación con la mayor o menor intensidad de los ritmos de trabajo, la imprevisibilidad de los horarios o la flexibilidad con la que se desarrolla la semana laboral. Así, en ocasiones, sustituir una reducción de la jornada de trabajo por flexibilidad en su regulación provoca un impacto más negativo en la seguridad y salud de las personas trabajadoras que esquemas de jornadas de trabajo más prolongadas, pero con menor intensificación[27].

Tras el estudio publicado en American Journal of Industrial Medicine[28], se pronunció la Fundación española del corazón, con una nota de prensa *Trabajar más de 40 horas semanales perjudica la salud cardiovascular, sobre todo en las mujeres,* constató *«que los varones con sobrecarga de trabajo tenían siete veces más riesgo de diabetes, mientras que en las mujeres este riesgo se multiplica por diez…» y que «Por géneros, las mujeres también son las que tienen un riesgo coronario más elevado. Así, mientras que los hombres con sobrecarga de trabajo duplican su riesgo coronario a 10 años, las mujeres pue-*

---

27. TRILLO PÁRRAGA, Francisco José (2024) Reducción de la jornada de trabajo en la Unión Europea. The LEFT in The European Parliament, B-1047 Brussels, Belgium.
28. MO-YEOL KANG, MD, MSC, SOO-HUN CHO, MD, PHD, MIN-SANG YOO MD, Yun-Chul Hong, *Las largas jornadas laborales pueden aumentar el riesgo de enfermedad coronaria.* American Journal of Industrial Medicine. Vol. 57, núm. 11, de noviembre de 2014. Pp. 1227-1234.

den llegar hasta quintuplicarlo, debido, principalmente, al aumento de la diabetes...»[29], entre otras conclusiones.

Años más tarde, bajo el eslogan *«Trabajar menos, vivir mejor»*, se abrió en España el debate jurídico y social sobre la reducción de la jornada laboral que se centra en la propuesta de disminuir las 40 horas semanales actuales a 37,5 sin afectar el salario, con el objetivo de mejorar la productividad, la conciliación y la salud laboral. Dicha medida a buen seguro, tiene un impacto social, con beneficios potenciales como mejora de la productividad, entendiendo que menos horas de trabajo pueden llevar a una mayor eficiencia; reducción de riesgos laborales, al haber menor exposición a riesgos para la salud al trabajar menos horas y aumento del tiempo para conciliación, permitiendo a las personas trabajadoras gozar de más tiempo para la vida personal, familiar y social.

Protagonizando un debate público, el último intento regulador ha llegado tras el «Acuerdo social para la reducción de la jornada laboral. Trabajar menos para vivir mejor». Este acuerdo fue suscrito el 20 de diciembre de 2024 por la vicepresidenta segunda del Gobierno y Ministra de Trabajo y Economía Social y los secretarios generales de los sindicatos CCOO y UGT, por el que se acordó que el gobierno «promoverá el desarrollo de una iniciativa legislativa en materia de reducción de jornada, registro horario y derecho a la desconexión de acuerdo con el texto incorporado en Anexo I», y que «ambas partes, en sus respectivos ámbitos de actuación, se comprometen a impulsar la tramitación y favorecer la aprobación de la iniciativa legislativa acordada»[30]. Posteriormente, el 25 de febrero de 2025, la Comi-

---

29. https://fundaciondelcorazon.com/prensa/notas-de-prensa/2696-trabajar-mas-de-40-horas-semanales-perjudica-salud-cardiovascular-sobre-todo-mujeres. html#:~:text=Trabajar%20m%C3%A1s%20de%2040%20horas,mujeres%20%2D%20Fundaci%C3%B3n%20Espa%C3%B1ola%20del%20Coraz%C3%B3n

30. En este Acuerdo se recogió en la disposición final primera dispone que «A propuesta del Ministerio de Trabajo y Economía Social y previa consulta a las centrales sindicales y asociaciones empresariales más representativas, el Gobierno procederá, en el plazo de dieciocho meses, a la revisión de la normativa sobre

sión de Igualdad del Congreso de los Diputados aprobó la Proposición no de Ley[31] sobre la reducción de la jornada laboral y su impacto positivo en las mujeres, en el que se recogía que «El Congreso de los Diputados insta al Gobierno a poner en marcha todas las estrategias e iniciativas legislativas oportunas que permitan reducir la brecha laboral y salarial existente entre mujeres y hombres, de forma que, cuando se produzcan reducciones en la jornada laboral, se permita, en primer lugar, que las personas trabajadoras a tiempo parcial sigan realizando el mismo número de horas de trabajo que viniesen efectuando previamente y, en segundo lugar, que se reconozca su derecho a incrementar proporcionalmente su salario».

Quienes entendían que, la negociación colectiva e individual ya responden de manera más adecuada a la heterogeneidad sectorial de nuestro tejido productivo, se opusieron a esta pretendida medida de reducción de la jornada laboral sin reducción de salario, logrando «una transición equilibrada guiada por acuerdos entre la parte sindical y empresarial de cada sector o, en su caso, empresa»[32].

Por otro lado, si bien es cierto que, a lo largo de la evolución normativa se ha reducido progresivamente las horas máximas de la jornada laboral, no necesariamente se ha conseguido reducir la jornada sin reducir el salario simplemente, sino que ha llevado aparejada una serie de consecuencias complejas: por un lado, la distribución irregular que conduce a jornadas semanales excesivas e, incluso, a la falta de declaración o mala clasifi-

---

jornadas especiales de trabajo para adecuar las ampliaciones y limitaciones en la ordenación y en la du duración de la jornada de trabajo a la nueva jornada máxima legal».

31. Boletín Oficial de Las Cortes Generales, Serie D General, de 5 de marzo de 2025. https://www.congreso.es/public_oficiales/L15/CONG/BOCG/D/BOCG-15-D-295.PDF

32. CONDE-RUIZ José Ignacio y LAHERA FORTEZA Jesús (2025) Reducir la jornada laboral: los retos de una transición equilibrada. *eldiario.es.* https://www.eldiario.es/opinion/tribuna-abierta/jornada-laboral-retos-transicion-reducir-equilibrada_129_12012514.html

cación de las horas extraordinarias; y por otro lado, ha aumentado la prevalencia del trabajo a tiempo parcial, sobre todo en las trabajadoras, que son las que mayoritariamente demandan derechos de conciliación.

Lo que está claro es que, en el momento actual, si bien las mujeres han ingresado masivamente al mercado laboral, las normas sociales de género no han evolucionado tanto como para encontrar un panorama en el que los hombres formen parte, en términos de igualdad, del trabajo no remunerado. Este cambio de modelo ha traído como consecuencia la llamada «triple carga» para las mujeres que son responsables de la mayor parte del trabajo doméstico y de cuidados, que combinan, cada vez más, con la participación en un mercado laboral y todo ello atravesado por el modelo social fordista de varón, cabeza de familia y fuente principal de ingresos en el hogar[33], con demostrados riesgos para la salud de las mujeres. De ahí la importancia de la efectividad de los derechos relativos a la conciliación de la vida laboral, familiar y personal.

---

33. TRILLO PÁRRAGA, Francisco José (2024) Reducción de la jornada de trabajo en la Unión Europea. *Op. Cit.*

III. Los mecanismos de adaptación de la jornada laboral en relación con la conciliación de la vida personal y familiar

III.1. La regulación del derecho de adaptación de la jornada laboral y los derechos de conciliación de la vida laboral y familiar

En el ámbito internacional, mediante la Declaración aprobada, por 189 estados, reunidos en la IV Conferencia mundial sobre las mujeres, celebrada en Pekín en septiembre de 1995, se consideró como objetivo estratégico fomentar una armonización de responsabilidades laborales y familiares entre hombres y mujeres.

Años antes, en el ámbito europeo, el antiguo artículo 111 del Tratado de Roma, desarrolló un acervo comunitario sobre igualdad de sexos, de gran amplitud e importante calado. A él le siguieron dos directivas en materia de igualdad de trato, la 2002/73/CE, de reforma de la Directiva 76/207/CEE, relativa a la aplicación del principio de igualdad de trato entre hombres y mujeres en lo que se refiere al acceso al empleo, a la formación y a la promoción profesionales, y a las condiciones de trabajo; y la Directiva 2004/113/CE, sobre aplicación del principio de igualdad de trato entre hombres y mujeres en el acceso a bienes y servicios y su suministro. La trasposición de éstas tuvo lugar, en nuestro ordenamiento jurídico, con la Ley Orgánica

3/2007, de 22 de marzo, para la igualdad efectiva de mujeres y hombres[34], que fue modificada, mediante Real Decreto-ley 6/2019, de 1 de marzo, de medidas urgentes para garantía de la igualdad de trato y de oportunidades entre mujeres y hombres en el empleo y la ocupación[35], en el apartado 2 del artículo 45, referente a la inclusión de los planes de igualdad, así como el apartado 2 del art. 46, añadiendo apartados 4, 5 y 6 a dicho artículo, aludiendo al contenido de los planes de igualdad, en concreto, regulaciones sobre el ejercicio corresponsable de los derechos de la vida personal, familiar y laboral, con el objetivo de cumplir con el mandato constitucional del art. 9 de la CE, de remover los obstáculos que impiden o dificultan la igualdad efectiva de mujeres y hombres.

Y es que, los poderes públicos, en nuestro país, tienen una exigencia: la promoción de la conciliación de la vida personal y familiar, derivada de los artículos 9.2 y 14 de la Constitución; de los artículos 2 y 3.2 del Tratado de la Unión Europea; y de los artículos 21 y 23 de la Carta de los Derechos Fundamentales de la Unión Europea, encaminados a la consecución de la igualdad real y efectiva entre hombres y mujeres.

Está claro que, la regulación de los derechos relativos a la conciliación de la vida laboral, familiar y personal en la UE ha conllevado una evolución hasta nuestros días. Desde una primera perspectiva, que sólo apuntaba a la protección de la maternidad y el cuidado de las hijas e hijos, en su minoría de edad, hacia un reconocimiento expreso de los derechos de corresponsabilidad familiar de las personas trabajadoras, hombres y mujeres, de forma neutra, individualizada e indeterminada[36]. En esta línea, El *Informe de la comisión mundial sobre el*

---

34. Ley Orgánica 3/2007, de 22 de marzo, para la igualdad efectiva de mujeres y hombres. Publicada en BOE núm. 71, de 23 de marzo de 2007.
35. Real Decreto-ley 6/2019, de 1 de marzo, de medidas urgentes para garantía de la igualdad de trato y de oportunidades entre mujeres y hombres en el empleo y la ocupación. Publicado en BOE núm. 57, de 7 de marzo de 2019.
36. CRISTÓBAL RONCERO, María del Rosario, (2024) La conciliación de la vida familiar y profesional en la Unión Europea. *REJLSS Revista de Estudios Jurídico*

futuro del trabajo. Trabajar para un futuro más prometedor de la OIT de 2019 exhorta a los Estados a adoptar instrumentos para permitir que las personas trabajadoras tengan una mayor flexibilidad para disponer de su tiempo de trabajo, al mismo tiempo, que se respeten también las necesidades de la empresa.

La maternidad y la paternidad, en su más amplio sentido, se han recogido en las Directivas del Consejo 92/85/CEE, de 19 de octubre, y 96/34/CE, del Consejo, de 3 de junio. La primera de ellas contempla la maternidad desde el punto de vista de la salud y seguridad en el trabajo de la trabajadora embarazada, que haya dado a luz o en período de lactancia. La segunda, relativa al Acuerdo marco sobre el permiso parental, celebrado por la UNICE, el CEEP y la CES, prevé el permiso parental y la ausencia del trabajo por motivos de fuerza mayor, como medio importante para conciliar la vida profesional y familiar y promover la igualdad de oportunidades y de trato entre hombres y mujeres. Mediante la Ley 39/1999, de 5 de noviembre, para promover la conciliación de la vida familiar y laboral de las personas trabajadoras, se completa la transposición a la legislación española de las directrices señaladas, tanto por la normativa internacional como por la comunitaria, superando los niveles mínimos de protección previstos en las mismas[37].

Es la Directiva 2019/1158[38], la que consiguió que la conciliación de la vida laboral, familiar y personal tenga un reconoci-

---

37. Así se indica en la Exposición de Motivos de la Ley 39/1999, de 5 de noviembre, para promover la conciliación de la vida familiar y laboral de las personas trabajadoras. BOE núm. 266, de 6 de noviembre de 1999.
38. Directiva 2019/1158 UE, del Parlamento Europeo y del Consejo, de 20 de junio de 2019, relativa a la conciliación de la vida familiar y la vida profesional de los progenitores y los cuidadores, y por la que se deroga la Directiva 2010/18/ UE del Consejo, de 8 de marzo de 2010, por la que se aplica el Acuerdo marco revisado sobre el permiso parental propuesta de Directiva sobre conciliación de la vida laboral y familiar. La Directiva 2019/1158 UE, fue publicada en DOUE de 12 de julio de 2019. El plazo de transposición de la Directiva se extendía hasta el 2 de agosto de 2022, Se dispone que en lo regulado para la remuneración o la prestación económica correspondientes a las últimas dos semanas del

miento autónomo en el ámbito comunitario e incorpora mecanismos para favorecer la conciliación de la vida familiar y profesional. De este modo, se han ido regulando, en nuestro ordenamiento jurídico, diferentes permisos (permiso de paternidad, permiso parental, permiso por fuerza mayor, permiso para cuidadores y ausencia del trabajo por causa de fuerza mayor), así como fórmulas de trabajo flexible para las personas trabajadoras que sean progenitoras o cuidadoras, con el acompañamiento de medidas de protección en el ejercicio de sus derechos de conciliación, ya sean medidas laborales o frente a discriminación y de protección en el despido.

Como ya se ha apuntado y siguiendo en el marco de la Unión Europea, el Consejo aprobó la primera regulación de los derechos de conciliación con la Directiva 76/207/CEE, de 9 de febrero, relativa a la aplicación de la igualdad de trato entre hombres y mujeres en el acceso al empleo, a la formación y a la promoción profesional y a las condiciones de trabajo, que extiende la prohibición de la discriminación por razón de sexo al resto de las situaciones laborales, El objetivo era evitar la ventaja competitiva de aquellos Estados cuyos salarios femeninos eran inferiores respecto de los masculinos por un trabajo de igual valor[39]. A esta directiva le siguió una abundante regulación de la materia (hasta llegar a la Directiva 2019/1158 UE, del Parlamento Europeo y del Consejo, de 20 de junio de 2019)[40],

---

permiso parental previsto en el artículo 8, apartado 3, los Estados miembros pondrán en vigor disposiciones legales, reglamentarias y administrativas necesarias para cumplir la presente Directiva a más tardar el 2 de agosto de 2024 e informarán de ello inmediatamente a la Comisión.

39. PÉREZ CAMPOS, Ana Isabel (2017) Los derechos de conciliación de la vida personal y familiar con el trabajo: evolución legislativa, *Revista del Ministerio de Empleo y Seguridad Social*, núm. 133, 2017 p. 42.

40. Sirvan de muestra la Carta Comunitaria de Derechos Sociales Fundamentales, de 19 de diciembre de 1989; la Directiva 92/85/CEE del Consejo, de 19 de octubre, relativa a la aplicación de medidas para promover la mejora de la seguridad y de la salud en el trabajo de la trabajadora embarazada; la Directiva 93/104/CE, de 23 de noviembre de 1993, sobre ordenación del tiempo de trabajo, destacando como cuestión fundamental la necesidad de conciliar la vida

que fue evolucionando, en un primer momento desde la perspectiva de que la igualdad de género se conectaba con la incentivación del reparto de responsabilidades de mujeres y hombres en el ámbito privado, a la vinculación de la conciliación con el mercado de trabajo y la competitividad empresarial, llegando hasta una conciliación que vuelve a conectar con la igualdad de género, que integra la figura paterna en el reparto de responsabilidades, en corresponsabilidad.

La trasposición de la importante Directiva 2019/1158 del Parlamento Europeo y del Consejo (relativa a la conciliación de la vida familiar y la vida profesional de los progenitores, que derogaba la Directiva 2010/18/UE del Consejo), llega a España, mediante la reforma promovida por el RD-ley 6/2019 de 1 de

---

profesional y personal; la Directiva 96/34/CE del Consejo, de 3 de junio de 1996, relativa al Acuerdo marco sobre el permiso parental, celebrado el 14 de diciembre de 1995 por la UNICE (Unión de Confederaciones de la Industria de Europa), CEEP (Centro Europeo de la Empresa Pública) y la CES (Confederación Europea de Sindicatos); la Directiva 1997/81/CE, de 15 de diciembre de 1997, sobre trabajo a tiempo parcial, que establecía un marco general para la eliminación de discriminaciones en relación con la conciliación, de los trabajadores a tiempo parcial; la Directiva 2000/78/CE, del Consejo, de 27 de noviembre de 2000, que establece un marco general para la igualdad de trato en el empleo; la Directiva 2000/43/CE, de 29 de junio, relativa a la aplicación del principio de igualdad de trato de las personas independientemente de su origen racial o étnico; la Directiva 2002/73, de 23 de septiembre de 2002, que modifica la Directiva 76/207/CEE del Consejo, de 9 de febrero de 1976, relativa al principio de igualdad de trato entre hombres y mujeres para acceder al empleo, a la formación, a la promoción profesional y a las condiciones de trabajo; la Directiva 2006/54/CE del Parlamento Europeo y del Consejo, de 5 de julio de 2006, relativa a la aplicación del principio de igualdad de oportunidades e igualdad de trato entre hombres y mujeres en asuntos de empleo y ocupación; la Directiva 2010/18/UE del Consejo, de 8 de marzo de 2010 por la que se aplica el Acuerdo marco revisado sobre el permiso parental, celebrado por BUSINESS EUROPE, la UEAPME, el CEEP y la CES, que perseguía mejorar la conciliación de la vida profesional, privada y familiar para los trabajadores con hijos y la igualdad entre hombres y mujeres por lo que respecta a las oportunidades en el mercado laboral y al trato en el trabajo (Acuerdo marco revisado sobre el permiso parental y que deroga la anterior directiva 96/34 CE) o el Pilar Europeo de Derecho Sociales en 2017.

marzo, de medidas urgentes para garantía de la igualdad de trato y de oportunidades entre mujeres y hombres en el empleo y la ocupación y la implementada por el RD-ley 5/2023 de 28 de junio.

La numerosa regulación, en nuestro ordenamiento jurídico, es consecuencia de la abundante normativa europea. Así, desde las modificaciones de la Ley del Estatuto de los Trabajadores, con la Ley 39/1999, de 5 de noviembre, para promover la conciliación de la vida familiar y laboral de las personas trabajadoras, la Ley Orgánica 3/2007, de 22 de marzo, para la igualdad efectiva de mujeres y hombres; el Real Decreto-ley 6/2019, de 1 de marzo, de medidas urgentes para garantía de la igualdad de trato y de oportunidades entre mujeres y hombres en el empleo y la ocupación; el Plan Me Cuida; el RD 901/2020 de 13 de octubre, por el que se regulan los planes de igualdad y su registro y se modifica el Real Decreto 713/2010, de 28 de mayo, sobre registro y depósito de convenios y acuerdos colectivos de trabajo; el Real Decreto-ley 5/2023, de 28 de junio[41], por el que se adoptan y prorrogan determinadas medidas de respuesta a las consecuencias económicas y sociales de la Guerra de Ucrania, de apoyo a la reconstrucción de la isla de La Palma y a otras situaciones de vulnerabilidad (que transpone la importante Directiva 2019/1158 del Parlamento Europeo y del Consejo, relativa a la conciliación de la vida familiar y la vida profesional de los progenitores y los cuidadores que derogaba la Directiva 2010/18/UE del Consejo); hasta las modificaciones introducidas por la transposición de Directivas de la Unión Europea en materia de modificaciones estructurales de sociedades mercantiles

---

41. Real Decreto-ley 5/2023, de 28 de junio, por el que se adoptan y prorrogan determinadas medidas de respuesta a las consecuencias económicas y sociales de la Guerra de Ucrania, de apoyo a la reconstrucción de la isla de La Palma y a otras situaciones de vulnerabilidad; de transposición de Directivas de la Unión Europea en materia de modificaciones estructurales de sociedades mercantiles y conciliación de la vida familiar y la vida profesional de los progenitores y los cuidadores; y de ejecución y cumplimiento del Derecho de la Unión Europea. Publicado en BOE núm. 154, de 29 junio de 2023.

y conciliación de la vida familiar y la vida profesional de los progenitores y los cuidadores; incluyendo normativa de ejecución y cumplimiento del Derecho de la Unión Europea; o la Resolución de 19 de mayo de 2023, de la Dirección General de Trabajo, por la que se registra y publica el V Acuerdo para el Empleo y la Negociación Colectiva, completan un extenso marco jurídico.

Efectivamente, es a través de el Real Decreto-ley 5/2023, de 28 de junio, por el que se procede a la trasposición de la Directiva (UE) 2019/1158 del Parlamento Europeo y del Consejo, de 20 de junio de 2019, relativa a la conciliación de la vida familiar y la vida profesional de los progenitores y los cuidadores, y por la que se deroga la Directiva 2010/18/UE del Consejo. La Directiva (UE) 2019/1158 del Parlamento Europeo y del Consejo, de 20 de junio de 2019, se asienta y es expresión de los principios de igualdad de género y de equilibrio entre vida familiar y vida profesional que se reafirman en los principios 2 y 9 del pilar europeo de derechos sociales.

Esta Directiva es fruto de la evolución de la propia Unión Europea, en el contenido y alcance de los derechos de conciliación, siendo la tercera de las directivas sobre esta materia. Como ya se ha mencionado, su antecedente remoto fue la Directiva 96/34/CE del Consejo, de 3 de junio de 1996, relativa al Acuerdo marco sobre el permiso parental celebrado por la Unión de las Confederaciones de la Industria y de los Empleadores de Europa (UNICE), el Centro Europeo de la Empresa Pública (EEP) y la Confederación Europea de Sindicatos (CES). Las materias que regulaba la directiva versaban sobre permisos parentales que se basaba tan solo en la configuración de derechos de ausencia de las personas con responsabilidades de cuidado y que ni reflejaba las consecuencias de género de las cuestiones de cuidado ni, en consecuencia, preveía medios efectivos para promover la corresponsabilidad. Este camino sería iniciado con la Directiva 2010/18/UE del Consejo, de 8 de marzo de 2010, por la que se aplica el Acuerdo marco revisado sobre el permiso parental, celebrado por BUSINESSEUROPE, la Asociación Europea de Artesanías, Pequeñas y Medianas Empresas (UEAPME), el CEEP y la CES, y se deroga la Directiva 96/34/CE, y sería con la aprobación de la Directiva (UE) 2019/1158 del Parlamento Europeo y del Consejo, de 20 de junio de 2019, con la que la conciliación de responsabilidades pasa a un lugar central.

Así, se establece un nuevo marco que requiere seguridad en el conocimiento y en el ejercicio de los derechos sobre el tiempo de trabajo relacionados con los derechos de cuidado de menores de edad y dependientes, por lo que enlaza con la Directiva 2003/88/CE del Parlamento Europeo y del Consejo, de 4 de noviembre de 2003, relativa a determinados aspectos de la ordenación del tiempo de trabajo, y con la Directiva (UE) 2019/1152 del Parlamento Europeo y del Consejo, de 20 de junio de 2019, relativa a unas condiciones laborales transparentes y previsibles en la Unión Europea. La Directiva (UE) 2019/1158 del Parlamento Europeo y del Consejo, de 20 de junio de 2019, tenía como objetivo dar respuesta a una realidad social concreta, eliminando cualquier desventaja o merma en términos de mejora y progreso que pueda afectar a las carreras profesionales de las personas que se ocupan de manera informal de las tareas de cuidado de familiares o dependientes.

De esta manera, se da respuesta adecuada a la situación de doble atención a las responsabilidades familiares y a las de trabajo en el marco y conforme a unas exigencias concretas, como son relaciones laborales más igualitarias y la aplicación efectiva del principio de no discriminación por razón de sexo, disponiendo que los puestos de trabajo deben adaptarse a las distintas vicisitudes derivadas de la crianza de menores de edad y cuidado de dependientes y mayores, y establece unas condiciones efectivas para que haya un reparto real de tareas y un ejercicio corresponsable.

En definitiva, la transposición de la directiva enriquece las mejoras y aportaciones del Real Decreto-ley 6/2019, de 1 de marzo, de medidas urgentes para garantía de la igualdad de trato y de oportunidades entre mujeres y hombres en el empleo y la ocupación, y va más allá de las cuestiones de la doble jornada femenina o los largos permisos, en pro de las fórmulas de trabajo flexible y acotamiento de las ausencias laborales lo que permite avanzar en la igualdad real en el ámbito laboral, a través del verdadero reconocimiento del derecho de conciliación como parte del elenco de derechos de toda persona trabajadora.

En consecuencia, con Real Decreto-ley 5/2023, de 28 de junio se incluyen todas las modificaciones necesarias en el texto refundido de la Ley del Estatuto de los Trabajadores, aprobado por el Real Decreto Legislativo 2/2015, de 23 de octubre, las cuales responden a un doble propósito: de un lado se evita penalizar o duplicar los sistemas de protección frente a las situaciones descritas —crianza de los hijos e hijas, cuidado de mayores y dependientes— y de otro, con el límite necesario, introducir los requisitos mínimos de cada permiso y las mejoras que no resultan absorbibles, modificando, entre otros, el art. 34.8 de la LET, a efectos de incrementar el ámbito del derecho a la adaptación de la jornada de las personas con dependientes a cargo, pero requiere de ajustes puntuales a efectos de que se acomode totalmente a las previsiones del artículo 9 de la Directiva (UE) 2019/1158, del Parlamento Europeo y del Consejo, de 20 de junio de 2019, sobre fórmulas de trabajo flexible. De igual modo, se modifica, junto con considerable articulado, la letra c) del artículo 4.2, referente a los derechos de las personas trabajadoras en la relación laboral, especificando que el trato desfavorable dispensado a mujeres u hombres por el ejercicio de sus derechos de conciliación o corresponsabilidad de la vida familiar y laboral será constitutivo de discriminación por razón de sexo. De este modo se da cumplimiento a lo establecido en el artículo 11 de la Directiva (UE) 2019/1158, del Parlamento Europeo y del Consejo, de 20 de junio de 2019, que establece la obligación de que los Estados miembros configuren mecanismos para que no sufran perjuicio alguno ni trato discriminatorio las personas que ejerzan sus derechos de conciliación. Esta formulación es consecuente con la doctrina del Tribunal de Justicia de la Unión Europea (STJUE de 8 de mayo de 2019, C-486/18, asunto Praxair) y del Tribunal Constitucional (STC 79/2020, de 2 de julio de 2020) en las que se ha establecido que, sobre la base de una mayor afectación femenina, la discriminación por ejercicio de derechos de conciliación puede ser constitutiva de discriminación indirecta por razón de sexo.

A su vez, la misma norma modifica el Estatuto Básico del Empleado Público (Real Decreto Legislativo 5/2015, de 30 de octubre), en el régimen de permisos, a fin de acompasar el permiso por accidente o enfermedad grave (artículo 48.a) a lo dispuesto en la Directiva (UE) 2019/1158, del Parlamento Europeo y del Consejo, de 20 de junio de 2019; así como se modifican los artículos 108.2 y 122.2 de la Ley 36/2011, de 10 de octubre, reguladora de la jurisdicción social, para garantizar su coherencia con las modificaciones planteadas en los artículos 53.4 y 55.5 de la LET.

Queda claro que, deviene necesaria la delimitación de cuáles son los instrumentos y objetivos de la adaptación del tiempo de trabajo, respecto del trabajo femenino[42], ya que, con la finalidad de adaptar la jornada de trabajo, incluida la forma y lugar de prestación del mismo, para el ejercicio de derechos de conciliación y corresponsabilidad, en el actual contexto de relaciones laborales, se tiende hacia la reordenación del tiempo de trabajo, que nuevamente tendrá un fuerte impacto en las mujeres trabajadoras.

III.2. LA DURACIÓN DE LA JORNADA DE TRABAJO Y LA JORNADA A TIEMPO PARCIAL. UNA VISIÓN EN CLAVES DE GÉNERO DE LA REDUCCIÓN DE LA JORNADA

Como se ha expuesto, la reducción del tiempo de trabajo puede contribuir a lograr un mejor equilibrio entre el trabajo remunerado y la vida privada, entendiendo por ésta también

---

42. SIERRA HERNÁIZ, Elisa (2022), La reordenación del tiempo de trabajo de las mujeres, en MALDONADO MONTOYA, Juan Pablo; MARÍN MORAL, Isabel; SEMPERE NAVARRO, Antonio V. *La reordenación del tiempo de trabajo,* Colección de Derecho del Trabajo y Seguridad Social Agencia Estatal Boletín Oficial del Estado Madrid, 2022, p.1239.

ámbitos distintos del familiar. Trabajar a tiempo completo durante cuarenta o más horas a la semana y conciliar con el trabajo doméstico no remunerado, la necesidad de actividades sociales y el deseo de disfrutar de ocio o de participar en la comunidad constituye un desafío que incluye no solo a las mujeres, sino también a los hombres[43]. Atendiendo a los datos publicados en la Encuesta de Población Activa del Instituto Nacional de Estadística, se observa que ha descendido en España la participación de personas trabajadoras a tiempo parcial entre 2018 y 2023. Respecto al empleo total masculino, pasó de un 6,8% en 2018 a un 6,6% en 2023, y en las mujeres sobre el empleo total femenino de un 24,0% en 2018 a 21,1% en 2023. Desagregando estos datos por sexos, el mismo patrón se repite durante años con alta preponderancia de las mujeres en el trabajo a tiempo parcial, vinculada a la ejecución de trabajos, a menudo fuertemente feminizados y precarizados, en el sector servicios y una fuerte involuntariedad, fruto una carencia de oferta de un deseado trabajo a tiempo completo y no de una elección voluntaria, por parte de las mujeres, de un trabajo a tiempo parcial[44].

---

43. En TRILLO PÁRRAGA, Francisco José (2024) Reducción de la jornada de trabajo en la Unión Europea. *Op. Cit.*:» el promedio de horas de trabajo semanales habituales para todas las personas trabajadoras de la Unión Europea es considerablemente más bajo. La alta proporción del trabajo a tiempo parcial en los Países Bajos se traduce en una semana laboral promedio de alrededor de 30 horas. En Dinamarca, Noruega, Alemania, Irlanda y Suecia, el promedio de horas de trabajo por semana es inferior a la media de la UE-15, de unas 36,5 horas semanales. Sólo en unos pocos países el promedio de horas de trabajo habituales por semana supera las 40 horas (Chequia, Polonia, Bulgaria y Grecia)»

44. FERRADANS CARAMÉS expone que «Ni más ni menos que hasta el 46,9% de los trabajadores a tiempo parcial lo hacen de forma involuntaria, tasa sólo superada en la Unión Europea por Italia (EUROSTAT, 2023). Por consiguiente, uno de los principales retos que afronta el mercado laboral español es la reducción de esta proporción, que, a su vez, tiene una incidencia directa sobre el riesgo de pobreza laboral». *Vid.* FERRADANS CARAMÉS, Carmen. El trabajo a tiempo parcial en *XXXV Congreso Anual de la Asociación Española de Derecho del Trabajo y de la Seguridad Social* Valencia, 29 y 30 de mayo de 2025

Según la mencionada Encuesta, el promedio habitual total de horas de trabajo asciende a 37,6 horas semanales, aunque casi la mitad de la población trabajadora tiene jornadas superiores a las 40 horas semanales. De igual modo, diferentes informes publicados exponen que, en torno a la realización de horas extraordinarias, existen potenciales fraudes y abusos, llegando a constatarse que, en España, se efectúa un elevado número de horas extra no pagadas, ascendiendo, tanto en el año 2023 como en el 2024 aproximadamente a 2.500.000 las horas no abonadas a la semana (respecto de aproximadamente, unas 7.000.000 a la semana), y afectando esta omisión en su declaración más a las mujeres que a los hombres[45]. Así, según el Informe de actuaciones de la Inspección de Trabajo, en el año 2024 se han realizado 38.686 actuaciones en materia de jornada y horas extraordinarias, que desembocaron en 13.681 infracciones y en multas por una cuantía superior a 17 millones de euros, ascendiendo las actuaciones en materia de registro a 9.097, con un resultado de 1.869 infracciones y 2,99 millones de euros de multa[46].

Un dato que no se puede obviar es que el porcentaje de personas trabajadoras con un contrato a tiempo parcial ha ido aumentando progresivamente, presentando la jornada a tiempo parcial una seña de identidad muy relevante, siendo este tipo de empleos ocupados mayoritariamente por mujeres.

COLECCIÓN INFORMES Y ESTUDIOS Serie Empleo Núm. 70, MINISTERIO DE TRABAJO Y ECONOMÍA SOCIAL Subdirección General de Informes, Recursos y Publicaciones RET: 25-2429; p. 169

45. *La jornada laboral en España. Herramientas para la negociación de la reducción del tiempo de trabajo.* Dirección Vicesecretaría General de Política Sindical de UGT, octubre 2024. https://www.ugt.es/sites/default/files/guia_reduccion_tiempo_de_trabajo_VersionDigital%20%281%29.pdf
46. Casi 3 millones de euros fueron multas por el control de registro de jornada y 17,2 millones por horas extra y tiempo de trabajo. La Inspección de Trabajo elevó un 9% las multas por infracciones por tiempo de trabajo en 2024. https://elderecho.com/inspeccion-de-trabajo-elevo-un-9-las-multas-por-infracciones-por-tiempo-de-trabajo-en-2024.

Los horarios de trabajo fijados vía convencional suelen estar referidos normalmente a las personas trabajadoras con contrato de trabajo a tiempo completo, a pesar de constituir el trabajo a tiempo parcial constituye una realidad. Aunque la jornada máxima legal no ha sufrido cambios en España en cuatro décadas, las reducciones de jornadas si han tenido presencia en la negociación colectiva, con diferencias dependiendo del sector o la empresa. Así se recoge en la estadística del Ministerio de Trabajo, que sitúa el promedio semanal en 38,3 horas para 2023. Prácticamente, todos los sectores tienen jornadas medias pactadas por debajo de las 40 horas, aunque en sectores muy feminizados, como la hostelería y el sector de informaciones y comunicación, tienen jornadas semanales de 39,3 horas o el del comercio que tiene una jornada media semanal de 39,1 horas. El 99,6% de las personas que trabajan en los sectores citados lo hace durante 37,5 horas o más. Estos sectores coinciden con en datos con una mayor precariedad e inferiores salarios por lo que la brecha salarial es mayor, así como la repercusión para las mujeres[47].

Entre las razones que recoge el INE, acerca del trabajo a tiempo parcial, según grupos de edad y el tipo de hogar[48], se expone que los principales motivos que alegan las mujeres de 15 a 64 años que ejercen su trabajo a tiempo parcial en 2024, se encuentra en un 17,4% el cuidado de niños o adultos enfermos, incapacitados o mayores. Según la información del módulo de 2018 de la Encuesta de Población Activa sobre Conciliación entre la vida

---

47. OTAEGUI JÁUREGUI, Amaia (2025), Reducción de la jornada máxima: una medida necesaria y con un importante impacto de género, *REVISTA TRABAJADORA*, 85 (febrero, 2025).
https://www.ccoo.es/noticia:720775--Reduccion_de_la_jornada_maxima_una_medida_necesaria_y_con_un_importante_impacto_de_genero_de_Amaia_Otaegui&opc_id=3f4aab5a06bf3cf965b5397fe82c277c
48. INE.
https://www.ine.es/ss/Satellite?L=es_ES&c=INESeccion_C&cid=1259925461773&p=%5C&pagename=ProductosYServicios%2FPYSLayout&param1=PYSDetalle&param3=1259924822888

laboral y familiar[49], un 6,7% de hombres y un 7,9% de mujeres no utilizar habitualmente servicios para el cuidado de hijos propios o de su pareja por ser demasiados caros y un 47,8% de mujeres se organizan el cuidado de hijos solos o con su pareja, así como, según recoge el INE, un 12,6% de mujeres no necesitan ayuda para todos los hijos o los hijos cuidan de sí mismos.

Refleja esta encuesta que las mujeres sin actividad laboral son las que en mayor porcentaje consideran estos servicios como demasiado caros (11,2%) y que las mujeres que organizan el cuidado de sus hijos solas o con su pareja son 41,6% ocupadas, 55,0% paradas y 60,7% inactivas. Del total de mujeres que organizan el cuidado de hijos solos o con la ayuda de abuelos, parientes o amigos un 27,1% son ocupadas, un 13,5% paradas y un 6,6% inactivas. El porcentaje de mujeres que no necesitan cuidados para todos los hijos o los hijos cuidan de sí mismos, 14,2 % son ocupadas, 9,5% paradas y 10,2% inactivas.

Respecto al cuidado de personas dependientes, según la información que se deduce del módulo de la EPA de 2018 sobre conciliación entre la vida laboral y familiar, el total de hombres y mujeres entre 18 y 64 años que han dejado de trabajar durante al menos un mes seguido para cuidar de familiares dependientes es del 2,3% y de 5,6% respectivamente.

Según la información que proporciona la submuestra de la EPA 391.300 ocupados trabajaron en 2023 a tiempo parcial con objeto de disponer de más tiempo para cuidar a personas dependientes (niños, adultos, enfermos, personas con discapacidad, etc.), lo que supone un 3,5% más que en el año anterior. La mayoría, el 95,3% de quienes trabajaban a tiempo parcial para poder ejercer la labor de cuidadores son mujeres (372.800).

Las percepciones estereotipadas y las actitudes tradicionales, respecto del rol de las mujeres como cuidadoras, aumenta la brecha de género en el empleo a tiempo parcial. En el sector de los servicios, por ejemplo, en el trabajo doméstico y la pres-

---

49. INE. Módulo sobre conciliación entre la vida laboral y la vida familiar 2018. Madrid, 2019. https://www.ine.es/daco/daco42/daco4211/metomodu18.pdf

tación de cuidados, muchas de las oportunidades de trabajo que se crean son únicamente de trabajo a tiempo parcial y exigen habilidades que a menudo se consideran «naturales» de las mujeres. El empleo a tiempo parcial involuntario, regular o a largo plazo, es una fuente importante de desigualdad tanto respecto al empleo a tiempo completo como por el hecho de que el trabajo a tiempo parcial es frecuente entre las mujeres empleadas en trabajos poco calificados. Esto a su vez puede tener un impacto inmediato en la igualdad salarial y efectos de largo plazo, tales como la pobreza en la vejez[50]. La brecha de género en el trabajo a tiempo parcial involuntario también se está ampliando[51].

Ante esta fuente de desigualdad y este panorama de feminización de algunas jornadas, parte de la doctrina entiende que, la regulación de la reducción de la jornada máxima de trabajo contribuirá a crear empleo, probablemente en un volumen amplio a tiempo parcial[52], así como a elevar la cuantía de la jornada a tiempo parcial de personas trabajadoras, especialmente mujeres, que desean y pueden trabajar más horas[53].

---

50. OIT. Estudio General relativo a los instrumentos sobre el tiempo de trabajo. ILC.107/III/B, pp. 216 y 217.
51. OIT. *World Employment Social Outlook: Trends for women* 2017, 7 (Perspectivas Sociales y del Empleo en el Mundo: Tendencias 2017, p. 14. Véase también GALLUP, OIT: *Towards a better future for women at work: Voices of women and men*, 2017, pp. 39 y 44 y OIT, Ginebra, pp. 11-12; OIT. *Las mujeres en el trabajo: Tendencias* 2016, p. 58.
52. El Anteproyecto de Ley para la Reducción de la duración máxima de la jornada ordinaria de trabajo, el registro de jornada y el derecho a la desconexión ha pretendido introducir un nuevo artículo 34 bis para regular de manera unificada todo lo relativo al registro de jornada, quedando suprimidos en consecuencia el apartado 9 del artículo 34, el apartado c) del artículo 12.4, y apartado 5 del artículo 35, referidos, respectivamente, al registro de la jornada ordinaria, de la jornada parcial y de las horas extraordinarias. En este anteproyecto se elimina, por tanto, el sistema de control del tiempo de trabajo específico de los contratos a tiempo parcial.
53. *Vid.* FERRADANS CARAMÉS, Carmen. El trabajo a tiempo parcial en *XXXV Congreso Anual de la Asociación Española de Derecho del Trabajo y de la Seguridad Social* Valencia, 29 y 30 de mayo de 2025 *Op. Cit.* p. 193

Está claro que, el uso del tiempo que hacen hombres y mujeres sigue siendo desigual, debido al desequilibrio entre las tareas domésticas y de cuidado, con relación al trabajo remunerado y tiempo de ocio, siendo una de las principales causas de la brecha de género en el mercado de trabajo, a la vez que las mujeres presentan mayores tasas de inactividad laboral y un alto porcentaje de trabajo a tiempo parcial.

Como datos constatados se podrían enumerar: que las mujeres dedican más tiempo que los hombres al hogar y los cuidados, lo que repercute en el trabajo remunerado; las mujeres en edad activa asumen más tareas de cuidados, lo que supone que tengan menos tiempo para formarse o buscar un empleo en caso de inactividad o desempleo (la inactividad laboral asociada al cuidado)[54]; las mujeres ocupadas a tiempo completo trabajan más que los hombres, fundamentalmente por el desigual reparto del trabajo no remunerado, incrementándose si el empleo es a tiempo parcial (la conexión entre las tareas de cuidado y el trabajo a tiempo parcial); las mujeres interrumpen mucho más su carrera laboral cuando tienen hijos al hacer uso de las excedencias y permisos parentales[55]. Fundamentalmente, esta ex-

---

54. Según datos de la Encuesta de Población Activa (EPA), de los casi tres millones de personas ocupadas a tiempo parcial en 2024, más de dos millones, prácticamente el 74 % son mujeres. El 47% de las personas trabajadoras a tiempo parcial lo hace de manera involuntaria. Entre ellas, el peso de trabajo a tiempo parcial por razones de cuidado de familiares es del 88%. Además, en 2023 más del 90% de las reducciones de jornada por cuidado de hijos o familiares dependientes son disfrutadas por mujeres y el 84 % de las excedencias solicitadas por las mimas razones, lo que evidencia esta asimetría. Igualmente, los datos de la EPA señalan que, en algunos sectores muy feminizados como Educación, Actividades de investigación y Servicios financieros, se realiza una enorme cantidad de horas extra no pagadas al año, de donde se concluye que, para muchas mujeres, los horarios son a menudo extensos, variables e inciertos.

55. MARTÍNEZ LÓPEZ, Rosa.; ROLDÁN AYUSO, Susana (2021) Estudio estadístico de los tiempos de vida: tiempos de actividad laboral y trabajo de cuidados, en MOLERO MARAÑÓN, Mª Luisa, *Ser mujer en el mercado de trabajo: Dificultades, oportunidades y retos.* Aranzadi Thomson Reuters, Cizur Menor, 2021, pp. 259 y ss.

posición de datos objetivos hace que las mujeres opten, generalmente de manera involuntaria, por la salida del mercado laboral, por las excedencias, por el trabajo a tiempo parcial o por la gestión flexible del trabajo[56] (como una forma de conci-

_____

56. En OIT *Estudio General relativo a los instrumentos sobre el tiempo de trabajo*. Conferencia Internacional del Trabajo, 107.ª reunión, 2018. ILC.107/III/(B), pp. 272 y 273, se exponen diversos sistemas de tiempo flexible: Los sistemas básicos de tiempo flexible permiten a los trabajadores elegir cuando empiezan y acaban de trabajar, en función de sus necesidades individuales (dentro de ciertos límites), y en algunos casos incluso el número de horas que trabajan en una semana particular. Además de los sistemas formales de tiempo flexible, algunos empleadores ofrecen jornadas de trabajo flexibles sobre una base informal. En los programas formales de tiempo flexible se establece por lo general un período de horas básicas durante las cuales se exige trabajar a todos los asalariados (por ejemplo, entre las 10 y las 16 horas), aunque en algunos programas de tiempo flexible no se prevé en absoluto un número de horas básicas. Estas horas básicas están comprendidas entre períodos de horas flexibles (por ejemplo, entre las 7 y las 10 horas y entre las 16 y las 19 horas), dentro de los cuales los asalariados pueden escoger las horas en que prefieren trabajar, siempre y cuando las horas contractuales obligatorias se trabajen durante un período de trabajo especificado. Los sistemas de tiempo flexible se introducen normalmente en las empresas, no tanto para atender a un determinado objetivo empresarial, como para facilitar la conciliación entre la vida laboral y la vida privada de los empleados. La legislación laboral nacional cubre los sistemas de tiempo flexible en diversos grados. En la mayoría de los países en los que éstos se abordan, existen disposiciones que definen el tiempo flexible, y los detalles se dejan en manos de los trabajadores y los empleadores (Austria, Belarús, Finlandia, Francia, Japón, Lituania con la ley entró en vigor el 1.º de julio de 2017, Luxemburgo y Polonia). La cuestión principal no son las horas de entrada y de salida, que han de ser determinadas por los empleadores y los trabajadores, sino el establecimiento de horas básicas y no básicas al principio y al final del día. existen disposiciones que se centran en la duración de la jornada laboral, que en principio son aplicables a los sistemas de tiempo flexible 110. Por ejemplo, en México, la legislación establece que el trabajador y el patrón fijarán la duración de la jornada de trabajo, sin que pueda exceder de los límites máximos legales 111 . Aunque menos precisas, dichas disposiciones proporcionan a los trabajadores y a los empleadores la flexibilidad necesaria para poner en práctica sistemas de tiempo flexible en el lugar de trabajo sin comprometer el bienestar del trabajador... De manera análoga, la legislación de Finlandia prevé que los empleadores y los trabajadores pueden acordar unas horas de trabajo flexibles que permitan a los trabajadores, dentro de ciertos

liar con consecuencias en sus carreras profesionales), con consecuencias en los permisos, vacaciones, cotizaciones a la seguridad social, perpetuando los roles de género discriminatorios en el mercado laboral.

La OIT, en el *Estudio General relativo a los instrumentos sobre el tiempo de trabajo* (Conferencia Internacional del Trabajo, 107.ª reunión, 2018.) si bien reconoce la Comisión que la flexibilidad del tiempo de trabajo puede ser importante para que las empresas puedan adaptarse a los requisitos de la organización moderna del trabajo, ésta hace hincapié en la importancia de fijar límites razonables y prever salvaguardias al establecer estas modalidades flexibles a fin de garantizar que se tienen en cuenta la protección de la salud y el bienestar de los trabajadores y la conciliación de su vida laboral y su vida privada y familiar[57].

Por otro lado, parte de la doctrina considera que, en coyunturas económicamente favorables, la parte empresarial está interesada en obtener de sus trabajadores el mayor tiempo de trabajo posible, prolongando la jornada de trabajo, aunque sea mediante el mecanismo de las horas extraordinarias; sin embargo, desea flexibilidad para adaptarse a las fluctuaciones del mercado y no disponer del tiempo del trabajador nada más que cuando sea estrictamente necesario en épocas de recesión eco-

---

límites, determinar el inicio y el término de su jornada de trabajo (Art. 13 de la Ley del Tiempo de Trabajo). Del mismo modo, en la República de Corea, los trabajadores pueden decidir el principio y el fin de su jornada de trabajo «de conformidad con las normas de empleo» (Art. 52 de la Ley de Normas del Trabajo). En otros países, existen disposiciones que se centran en la duración de la jornada laboral, que en principio son aplicables a los sistemas de tiempo flexible (Colombia). Por ejemplo, en México, la legislación establece que el trabajador y el patrón fijarán la duración de la jornada de trabajo, sin que pueda exceder de los límites máximos legales (Art. 59 de la Ley Federal del Trabajo). Aunque menos precisas, dichas disposiciones proporcionan a los trabajadores y a los empleadores la flexibilidad necesaria para poner en práctica sistemas de tiempo flexible en el lugar de trabajo sin comprometer el bienestar del trabajador

57. OIT *Estudio General relativo a los instrumentos sobre el tiempo de trabajo.* Conferencia Internacional del Trabajo. *Op. Cit.,* p.359.

nómica, optando mayormente por recurrir al trabajo temporal y a tiempo parcial[58].

Tras modificarse la Ley del Estatuto de los Trabajadores, se añade una referencia expresa a que toda distinción entre trabajadores a tiempo completo y a tiempo parcial (atendiendo a la feminización del trabajo a tiempo parcial), deberá responder no sólo a criterios objetivos y proporcionales, sino también transparentes. En concreto, se establece en el artículo 12.4.d) ET que «Las personas trabajadoras a tiempo parcial tendrán los mismos derechos que las personas que trabajan a tiempo completo. Cuando corresponda en atención a su naturaleza y responda a criterios de objetividad, proporcionalidad y transparencia, tales derechos serán reconocidos en las disposiciones legales y reglamentarias y en los convenios colectivos de manera proporcional, en función del tiempo trabajado, debiendo garantizarse en todo caso la ausencia de discriminación, tanto directa como indirecta, entre mujeres y hombres»

Al mismo tiempo, parte de la doctrina entiende que, reducir la jornada legal de trabajo podría ayudar a crear nuevos empleos en aquellos ámbitos en que se ha puesto de manifiesto que existen personas trabajadoras que soportan jornadas semanales excesivas, conforme a los datos estadísticos[59]. En particular, podrían resultar beneficiadas las mujeres que desean y pueden trabajar más horas, pues muchas se encuentran en situación de «subempleo por insuficiencia de horas»[60], introduciendo y aplicando acciones positivas, pues en muchos casos se trata de sectores masculinizados. Y, por otra parte, aunque no se creasen nuevos empleos, ya resultaría positivo que algunos existentes pasarán a ser empleos de mayor calidad. Se ha de prever en pa-

---

58. ALARCÓN CARACUEL, Manuel Ramón (1988). *La ordenación del tiempo de trabajo* Tecnos, pp. 14 y 15.

59. RÍSQUEZ RAMOS, Álvaro y PONCE ÁVILA, Mª. Constanza (2024). *La jornada laboral en España. Herramientas para la negociación de la reducción del tiempo de trabajo*, UGT-Servicio de Estudios de la Confederación, p. 64

60. OIT. *Perspectivas Sociales y del Empleo en el Mundo: Transformar el empleo para erradicar la pobreza* Oficina Internacional del Trabajo, Ginebra, 2016, p. XV.

ralelo a la reducción máxima de la jornada que los contratos a tiempo parcial, con una prestación de trabajo de duración igual o superior al cómputo de la reducida jornada de trabajo, se convirtieran automáticamente en contratos de trabajo a tiempo completo, con los beneficios que ello implicaría. Además, reducir la jornada máxima legal podría tener el efecto de aproximar la jornada entre ambos sexos y avanzar hacia una sociedad y unos usos del tiempo, más igualitarios y corresponsables[61].

No hay que olvidar que el trabajo a tiempo parcial ha devenido en una de las manifestaciones más obvias de la dimensión de género (o más bien, su ausencia) en la soberanía sobre el tiempo[62], pudiendo calificarse como una modalidad de contrato *ad hoc* facilitadora de la precarización de las condiciones laborales[63], hasta convertirse en discriminatorias por razón de sexo, como han reconocido el Tribunal Constitucional y el Tribunal de Justicia de la Unión Europea[64]. Lo evidencia la recien-

---

61. BAYLOS, Antonio, CABEZA, Jaime y TRILLO, Francisco (2025). Reducción de la jornada máxima: Oportunidad política, social y normativa, Grupo de trabajo NET21, N° 21, p. 3; SERRANO ARGÜESO, Mariola (2025). ¿Menos horas, más vida? Análisis jurídico y social del debate que divide a España sobre la duración máxima de la jornada laboral, *Revista General de Derecho del Trabajo y de la Seguridad Social,* n° 70, p. 155

62. RODRÍGUEZ RODRÍGUEZ, Emma, (2022) La «soberanía sobre el tiempo». Unilateralidad e imposición en la distribución del tiempo de trabajo frente a conciliación corresponsable. *Cuadernos de Relaciones Laborales* ISSN: 1131-8635, pp. 37-55

63. MERINO SEGOVIA, Amparo (2019). El contrato a tiempo parcial de las mujeres: ¿políticas activas de empleo?; en RODRÍGUEZ ESCANCIANO, Susana y MARTÍNEZ BARROSO, María de los Reyes (dirs.): *La empleabilidad y la calidad en el empleo: apostando por la igualdad efectiva.* Madrid. Sepín, 2019, p. 225.

64. STC Pleno 79/2020, de 2 de julio; sentencia por la que se ampara a una trabajadora con reducción de jornada, por discriminación indirecta al minorar la empresa el tiempo de descanso y STJUE de 17 de mayo de 1990, C-262/88, *Barber/Guardian Royal Exchange Assurance Group*); STJUE de 22 de noviembre de 2012, C-385/11, *Isabel Elbal Moreno/INSS*; última, STJUE de 21 de enero de 2021, C-843/19, *INSS y BT*.

te STS 800/2025, de 18 de septiembre de 2025[65], que pone de relieve la lamentable práctica empresarial que amplia y reduce la jornada a tiempo completo o a tiempo parcial respectivamente a una trabajadora, sin apenas solución de continuidad y, con frecuencia, sin mayor justificación que la necesidad empresarial, entendiendo la Sala Cuarta del TS que este proceder constituye fraude de ley.

Asimismo, conviene tener presente el posible peligro que supone la utilización de las horas complementarias, que, bajo un aval legal, puede dar lugar a una excesiva disponibilidad horaria, convirtiendo esta institución jurídica en un instrumento con una tendencia al fraude, no facilitando el ejercicio de los derechos de conciliación corresponsable del tiempo de trabajo[66]. De hecho, en el último intento de regulación de la jornada de trabajo, acerca de las horas complementarias se pretendía modificar el art. 12 y crear un art. 34 bis, al objeto de una mejor regulación de éstas[67].

---

65. STS 800/2025, de 18 de septiembre de 2025 - ROJ: STS 4115/2025. Sala de lo Social, Nª. Rec.: 1692/2024

66. RODRÍGUEZ RODRÍGUEZ, Emma (2021). De la conciliación a la corresponsabilidad en el tiempo de trabajo: un cambio de paradigma imprescindible para conseguir el trabajo decente. *Lex Social: Revista de derechos sociales*. Vol.11, nº1, pp. 40-70, p. 62.

67. El texto propuesto, eliminaba de la redacción del art. 12.4.c) del ET sus tres últimos párrafos y mantenía, por el contrario, la actual redacción de los tres primeros párrafos que regula la realización de horas extraordinarias y horas complementarias de los trabajadores a tiempo parcial. A su vez creaba un nuevo artículo 34 bis regulador del registro de jornada, en consonancia con la reforma del art. 12 del Estatuto que regulaba dicho registro para los contratos a tiempo parcial, refundiéndose en un único precepto, proponiendo que se identificara de forma desagregada las horas ordinarias, complementarias y extraordinarias, con un sistema de presunciones considerando que el tiempo de trabajo que exceda de la jornada ordinaria tendría la consideración, bien de horas extraordinarias, bien de horas complementarias, según se trate de trabajo a tiempo completo o a tiempo parcial. *Vid.* SANCHO ARANZASTI, Ana (2025) Reducción de jornada. Luces y sombras de un proyecto que no termina de ultimarse. ElDerecho.com, Lefebvre.

Tras estudiar los efectos de la reducción de la jornada, habría que profundizar en la regulación por sectores e incorporar nuevas reglas a los sectores que ya cuenten con ampliaciones de la jornada, (en el reglamento de jornadas especiales de trabajo) o en el sector que aborda las tareas de los cuidados. Concretamente en el sector servicios, fundamentalmente en hostelería y hotelería, la semana laboral, con frecuencia, al menos para el personal que desempeña puestos de trabajo para atender a la clientela, se reduce a unas pocas jornadas a la semana, o la jornada diaria a unas pocas horas. Y en referencia al sector de los cuidados, ya en 2018, desde la OIT[68], consciente de la creciente necesidad de este tipo de empleos, se urge a adoptar medidas respecto a la organización del trabajo de cuidados en el marco de la triple R, reconocer, reducir y redistribuir el trabajo de cuidados, con el fin de proporcionar a las personas cuidadoras, mayoritariamente mujeres, un trabajo digno y decente[69].

En el Informe de la OIT *El trabajo decente y la economía del cuidado*) Conferencia Internacional del Trabajo 112.ª reunión, 2024), se pone de manifiesto que el reparto desigual de las responsabilidades del cuidado es un factor subyacente de la disparidad salarial entre hombres y mujeres. Pone como ejemplo el hecho de que las mujeres pueden verse imposibilitadas para acceder a puestos directivos de alto nivel —y obtener los mayores ingresos que ello implica— dado que estos puestos suelen requerir una mayor dedicación de tiempo y dejan poco espacio para la vida familiar, como ya se recogía en el informe del mismo organismo *Las mujeres en la gestión empresarial: Argumentos para el cambio*, en 2019[70]. Continúa añadiendo el informe sobre el trabajo decente que es más probable que las mujeres

---

68. OIT. *El trabajo decente y la economía del cuidado* Conferencia Internacional del Trabajo 112.ª reunión, 2024. ILC.112/Informe VI
69. ALVAREZ CUESTA, Henar. Formas de trabajo y distribución de su tiempo y cambio climático. *XXXV Congreso Anual de la Asociación Española de Derecho del Trabajo y de la Seguridad Social. Op. Cit.*
70. OIT, *Las mujeres en la gestión empresarial: Argumentos para el cambio*, 2019, p. 68

hagan una pausa en sus carreras, disminuyan sus horas de trabajo o decidan trabajar a tiempo parcial para conciliar su trabajo y sus responsabilidades de provisión de cuidado, con las consiguientes repercusiones en los ingresos de las mujeres a lo largo del tiempo también afectan a su carrera profesional y a su pensión de jubilación en el futuro[71].

Por otro lado, sin perder la perspectiva de género, no hay que olvidar que el trabajo a tiempo parcial puede ser una medida eficaz, que no eficiente, para la reordenación del tiempo de trabajo de las mujeres. Es cierto que permite compatibilizar la doble jornada de trabajo, pero, al mismo tiempo, genera desigualdades en las condiciones laborales y en las cotizaciones de las mujeres para el acceso a las prestaciones de seguridad social, sobre todo aquellas de carreras de cotización largas.

Por ello, la modificación incluida en el Real Decreto-ley 2/2023, facilitó que las personas trabajadoras con contratos a tiempo parcial —en su gran mayoría mujeres— computaran los periodos de actividad sin el coeficiente de parcialidad, sin las reglas de proporcionalidad a efectos de acreditar los períodos de cotización necesarios para causar derecho a las prestaciones, con los mismos períodos de cotización para el acceso a las prestaciones que a las personas trabajadoras a tiempo completo. Igualmente, no perdiendo de vista el impacto en las mujeres de la reducción de jornada, la Comisión de Igualdad del Congreso de los Diputados aprobó la Proposición no de Ley sobre la reducción de la jornada laboral y su impacto positivo en las mujeres[72], recogiendo que por el Congreso de los Diputados se instaba al Gobierno a poner en marcha todas las estrategias e iniciativas legislativas oportunas que permitan reducir la brecha laboral y salarial existente entre mujeres y hombres y, en

---

71. OCDE, «Wide Gap in Pension Benefits between Men and Women», Blog de la OCDE sobre igualdad de género, marzo de 2020.
72. Boletín Oficial de Las Cortes Generales, Serie D General, de 5 de marzo de 2025. https://www.congreso.es/public_oficiales/L15/CONG/BOCG/D/BOCG-15-D-295.PDF

concreto que, cuando se produzcan reducciones en la jornada laboral, se permita que las personas trabajadoras a tiempo parcial sigan realizando el mismo número de horas de trabajo que viniesen efectuando previamente y, de ser así, que se reconozca su derecho a incrementar proporcionalmente su salario.

Y es que, es necesario instrumentar medidas por parte de los gobiernos, ya que, como ya ha apuntado la OIT los mercados de trabajo estructurados en torno al modelo del hombre como sostén de la familia y una distribución desigual del trabajo de cuidados no remunerado entre madres y padres, parecen haber influido en la aparición de dos tendencias recientes: largas jornadas laborales, por un lado, y jornadas reducidas de trabajo o trabajo a tiempo parcial, por otro[73]. Reducir el número de horas de trabajo semanales puede favorecer la conciliación de la vida laboral y familiar, mientras que la flexibilidad horaria, junto con otras medidas, puede ser de gran ayuda para los trabajadores con responsabilidades familiares[74].

III.3. EL DERECHO AL DESCANSO Y AL TIEMPO LIBRE

El derecho de cada persona al desarrollo personal y a la educación se encuentra vinculado a horarios laborales razonables, al tiempo libre y a las vacaciones pagadas. Esta disposición es una de las muchas en que la Declaración Universal de Derechos Humanos tiene como objetivo garantizar el desarrollo pleno de la personalidad.

La protección de la salud física y mental de los trabajadores no sólo es un acto compasivo, sino que también ayuda a garan-

---

73. *Vid.* OIT, Informe *No dejar a nadie atrás: construir una protección de los trabajadores inclusiva en un mundo del trabajo en evolución, de 12 de mayo de 2023*, pp. 34-37.
74. OIT. *El trabajo decente y la economía del cuidado* Conferencia Internacional del Trabajo 112.ª reunión, 2024. ILC.112/Informe VI, pp. 55 y 56.

tizar una alta productividad[75]. Tanto la Declaración Universal de los Derechos Humanos de 1948, que en su art. 24 recogía que «Toda persona tiene derecho al descanso, al disfrute del tiempo libre, a una limitación razonable de la duración del trabajo y a vacaciones periódicas pagadas», como el Pacto Internacional de los derechos económicos, sociales y culturales, de 16 de diciembre de 1966, que reconoció el derecho de toda persona al goce de condiciones de trabajo, equitativas y satisfactorias, incluyendo en el art. 7.d «El descanso, el disfrute del tiempo libre, la limitación razonable de las horas de trabajo y las vacaciones periódicas pagadas», tratan el tiempo de descanso y el tiempo libre como una conquista social.

En el articulado de la Carta Social Europea se regula, el derecho de las trabajadoras en la maternidad, para antes y después del embarazo, con un descanso pagado, un blindaje del contrato, un permiso de maternidad, tiempo libre para la crianza de hijos, así como su protección ante la peligrosidad e insalubridad de algunos trabajos[76].

Teniendo como fundamento la regulación del descanso, entre otros motivos, llama la atención que el límite máximo de la jornada laboral no se haya modificado en décadas, aunque sea por la finalidad tuitiva de la norma laboral que incluye el descanso, desdeñando que, como se recoge ya en las primeras páginas de la Conferencia Internacional del Trabajo de 2018 «la cantidad de horas trabajadas y la forma en que éstas se distribuyen no solo afectan a la calidad del trabajo sino también a la vida fuera del lugar de trabajo».

Efectivamente, como ya se ha adelantado, en abundantes informes y documentos, como el estudio general relativo a los instrumentos sobre el tiempo de trabajo, *Garantizar un tiempo de trabajo decente para el futuro*, presentado en 2018 a la 107ª Con-

---

75. Naciones Unidas. Noticias ONU. Mirada global Historias humanas, 3 de diciembre de 2018. https://news.un.org/es/story/2018/12/1447471.
76. Carta Social Europea, Turín 18 de octubre de 1961. Instrumento de ratificación de 29 de abril de 1980.

ferencia General de la OIT[77], así como numerosa doctrina han entendido el tiempo de trabajo de manera global, que «el (tiempo de) trabajo también se amolde al de no trabajo»[78]. Como añade parte de la doctrina, el tiempo de trabajo es una institución nuclear en la existencia de las personas, en la misma medida que lo es el tiempo de no trabajo, el de vida personal y familiar[79]

Mientras que el negocio *nec otium*, se define etimológicamente por contraposición al ocio *otium*, tanto uno como otro son imprescindibles para cubrir las necesidades vitales, así como actividades y trabajos no productivos que seguramente pueden ser igual de gratificantes, pudiendo incluir el voluntariado. Así es, se podría incluir incluso el voluntariado corporativo[80], que resultaría en beneficio de las empresas, como ya ocurre en algunas, en el que brindan apoyo formal y facilitan al personal

---

77. OIT. *Garantizar un tiempo de trabajo decente para el futuro* Conferencia Internacional del Trabajo, 107ª Reunión, 2018. ILC.107/III/(B).

78. RODRÍGUEZ RODRÍGUEZ, Emma (2022). La soberanía sobre el tiempo. Unilateralidad e imposición en la distribución del tiempo de trabajo frente a la conciliación corresponsable, *Cuadernos de Relaciones Laborales,* vol. 40 (nº1), 37-55. https://doi.org/10.5209/crla.77642 p. 39. *Vid.* ESCRIBANO GUTIÉRREZ, Juan (2020) Las fuentes reguladoras del tiempo de trabajo, en AA.VV., GONZÁLEZ ORTEGA, S. (Coord.), El nuevo escenario en materia de tiempo de trabajo, *XXXVIII Jornadas Universitarias Andaluzas de Derecho del Trabajo y Relaciones Laborales* Ed. 62, Junta de Andalucía, Consejería de Empleo, Formación y Trabajo Autónomo. Consejo Andaluz de Relaciones Laborales, 2020. VELASCO FERNÁNDEZ, Diego (2024) El tiempo de apoyo al trabajo. Una actualización del concepto de tiempo de trabajo. *Revista Crítica de Relaciones de Trabajo, Laborum. nº 12* (2024): 115-161. BASTERRA HERNÁNDEZ, Miguel (2017), *Tiempo de trabajo y tiempo de descanso*, Tirant lo Blanch, Valencia, 2017.

79. CASAS BAAMONDE, Mª. Emilia (2019). La organización del tiempo de trabajo con perspectiva de género: la conciliación de la vida privada y la vida laboral, *Documentación Laboral*, n.º 117, 2019, p. 19.

80. *Vid.* ARGÜELLES BLANCO, Ana Rosa (2025). La reducción de la jornada laboral: con causas para la oportunidad de la reforma legal. *XXXV Congreso Anual de la Asociación Española de Derecho del Trabajo y de la Seguridad Social* Valencia, 29 y 30 de mayo de 2025 COLECCIÓN INFORMES Y ESTUDIOS Serie Empleo Núm. 70, MINISTERIO DE TRABAJO Y ECONOMÍA SOCIAL Subdirección General de Informes, Recursos y Publicaciones RET: 25-2429; p. 276.

el poder dedicar su tiempo y sus habilidades a algún tipo de servicio a la comunidad[81].

El derecho al descanso no es, ni mucho menos, un lujo, es un derecho humano fundamental, así lo reconoce el artículo 24 de la Declaración Universal de Derechos Humanos, el artículo 7 del Pacto Internacional de Derechos Económicos, Sociales y Culturales y la Constitución española en su artículo 40.2.

Con la reducción de la jornada máxima laboral y el consiguiente aumento del tiempo de no trabajo, habrá que tener en cuenta los posibles impactos negativos en la rentabilidad de las empresas, pero también los beneficios potenciales de mayor productividad consecuencia de un mayor bienestar, mediante una evaluación económica exhaustiva y multifacética, con perspectiva de género, considerando los efectos a corto y largo plazo, incluyendo factores como la mayor motivación, la reducción del absentismo, la rotación de personal y el consecuente surgimiento de nuevas actividades económicas relacionadas con el ocio y el disfrute de la vida personal y familiar.

El último informe del Observatorio de Riesgos Laborales del Instituto de Seguridad y Bienestar Laboral[82] confirma una realidad preocupante. Revela que, el 62,5% de las mujeres trabajadoras en España sufre desgaste emocional, frente al 42,3% de los hombres, por tanto, con una brecha de más de 20 puntos porcentuales, revela que estamos ante un problema estructural de desigualdad. Mientras los hombres pueden desconectar al terminar su jornada laboral, las mujeres se enfrentan a una segunda y tercera jornada, que no termina nunca, unido a los

---

81. LICANDRO, Oscar (2016). «El voluntariado corporativo como práctica de responsabilidad social empresaria hacia los empleados y la comunidad», *Revista Científica Teorías, Enfoques y Aplicaciones en las Ciencias Sociales*, año 8, n° 18, p. 49, y (2023). Voluntariado corporativo: definición y relación con la Responsabilidad Social Empresarial. Retos Revista de Ciencias de la Administración y Economía, 13(25), 107-121. https://doi.org/10.17163/ret.n25.2023.07, pp. 107-121.
82. Instituto de Seguridad y Bienestar Laboral. Informe Observa PRL.org *La brecha de género y su impacto en la salud mental de las trabajadoras y los trabajadores en España | 2025*.

cuidados de menores y dependientes y el trabajo doméstico no remunerado. Esta sobrecarga no solo afecta a su salud física y mental, sino también a su empleabilidad, desarrollo profesional, autonomía económica y satisfacción vital.

Prosigue el Informe con más datos alarmantes: el 54,8% de las mujeres presenta problemas de salud física asociados al trabajo (dolores de cabeza, espalda, insomnio, tensión muscular), el 12,6% experimenta sobrecarga de trabajo casi siempre y un 10,3% agotamiento físico frecuente, también destacan síntomas como saturación mental (12,3%), dolores de cabeza (9,2%) e insomnio (10%). La brecha es amplia y evidente en todos los indicadores: las mujeres trabajadoras reportan mayores niveles de desgaste emocional, somatización y alienación laboral, mientras que los hombres, aunque menos afectados, refieren, con más frecuencia, trato frío o distante y cierta frustración en el ámbito laboral. La falta de bienestar emocional tiene consecuencias más severas en las mujeres trabajadoras y requiere de políticas empresariales con enfoque de género. Así, el estudio demuestra la necesidad urgente de implementar protocolos de prevención del desgaste emocional, la somatización y la alienación laboral, con especial atención a las mujeres en sectores manuales y con cargas de trabajo más elevadas.

En consecuencia, no se puede perder de vista el sesgo de género de la ordenación y el tiempo de no trabajo; la compaginación del tiempo de trabajo y el tiempo para los cuidados. El reparto de los tiempos vitales, de trabajo no remunerado, tiene una dimensión de género, son las mujeres quienes invierten más tiempo en el hogar y en los cuidados y, por tanto, quienes ejercitan de forma mayoritaria los derechos para la conciliación de la vida familiar y laboral frente a las empresas.

En definitiva, esa soberanía de la persona trabajadora sobre su tiempo debe atender también a la transición hacia un nuevo modelo de sociedad, que ya no sitúe el trabajo en el centro de la existencia[83], con un planteamiento de la organización de la vida

---

83. ARGÜELLES BLANCO, Ana Rosa. La reducción de la jornada laboral: con causas para la oportunidad de la reforma legal. *XXXV Congreso Anual de la*

más diverso[84], dirigiéndonos hacia un cambio cultural importante en el mundo desarrollado, donde la mayor parte de la población ha hecho suya la filosofía «tener menos, disfrutar más»[85].

Así pues, la razón de ser de la limitación de la jornada laboral no solo consiste en la promoción de la seguridad y salud de las personas trabajadoras, proporcionando el necesario descanso, aunque sea con vistas a una mayor productividad, sino también en asegurar el tiempo de ocio para su desarrollo personal[86], algo que, a buen seguro, beneficia a la sociedad.

Y es que, el control de la jornada máxima de trabajo, también conlleva el control del disfrute del derecho al descanso. Las vías para recuperar el control y la autonomía de las personas trabajadoras sobre el tiempo de trabajo pasan por la intervención imperativa de los Estados y de las organizaciones supranacionales e internacionales. En el extremo de la jornada máxima, mediante el mantenimiento de limites insuperables de las jornadas y semanas de trabajo y de límites mínimos de los descansos, que corresponde también establecer a las organizaciones sindicales y empresariales, y, en su aplicación, se ha de disponer de sistemas eficaces de control, privados y públicos[87].

Por otro lado, el debate sobre el marco legal adecuado para regular las horas de trabajo, así como el descanso, si mediante norma o en negociación colectiva, suele ceder a favor de la ley para la regulación de la reducción de la jornada máxima ordi-

---

Asociación Española de Derecho del Trabajo y de la Seguridad Social Valencia, Op. Cit., p. 278

84. BAYLOS, Antonio, CABEZA, Jaime y TRILLO, Francisco (2025). «Reducción de la jornada máxima: *Cit.*, pp. 3-4

85. ÁLVAREZ ALDAY, Marta y FERNÁNDEZ-VILLARÁN ARA, Asunción (2012). Impacto económico del ocio en el siglo XXI. ARBOR *Ciencia, Pensamiento y Cultura*, vol. 188, p. 351

86. LÓPEZ AHUMADA, José Eduardo (2022). *Tiempo de trabajo y economía digital. Limitación del tiempo de trabajo y garantía del descanso laboral*, Ediciones Cinca, p. 34

87. CASAS BAAMONDE, Mª Emilia (2019) La organización del tiempo de trabajo con perspectiva de género: la conciliación de la vida privada y la vida laboral. *Doc. Labor., núm. 117-*Año 2019-Vol. II, pp.17 a 21.

naria, mientras que las realidades sectoriales específicas, preferiblemente, podrán ser tratadas mediante una regulación reglamentaria o en el ejercicio de la autonomía colectiva a nivel sectorial, también en los sectores feminizados, incluso, hay quien apunta, para una posible jornada de cuatro días.

Lo que es evidente es que, se ha producido un cambio profundo en los valores sociales, donde el ocio y el bienestar personal han ganado importancia, así como la búsqueda de un mejor equilibrio entre la vida laboral y personal ya no es una preocupación marginal, sino una expectativa generalizada, algo que hace años ya planteaban las mujeres. La regulación legal de las horas de trabajo debe reconocer esta realidad y aspirar a fomentar un entorno, donde las personas puedan gestionar eficazmente su vida profesional, personal y familiar, pudiendo conciliar sin comprometer el bienestar. A esta aspiración contribuiría una reducción de la jornada laboral, sin merma de las retribuciones, que necesariamente habría de ir acompañada de políticas públicas y políticas familiares, que tengan un impacto en la cantidad y la calidad del ocio de las mujeres, lo que fomentaría una sociedad más productiva e igualitaria.

III.4. EL CONTROL DE REGISTRO Y EL DERECHO A LA DESCONEXIÓN

El Proyecto de Ley por el que se pretendía reducir la jornada laboral también incluía otros cambios sustanciales, tales como la regulación del registro horario obligatorio en las empresas (con un nuevo art. 34 bis), así como la desconexión digital de las personas trabajadoras (nuevo art. 20 bis, en la LET). Si bien la medida más mediática es la reducción de la jornada, los cambios propuestos en materia de registro horario y desconexión digital son igualmente relevantes[88]. Una vez

---

88. LAHERA FORTEZA Jesús, CONDE RUIZ, José Ignacio (2025) Cómo mejorar el Proyecto de Ley sobre Reducción de Jornada, Registro Horario y Desconexión

fallido el intento normativo que se aspiraba mediante el proyecto de ley que reducía la jornada máxima laboral, los esfuerzos se dirigen a modificar la vigente regulación del registro horario obligatorio en todas las empresas (art. 34.9 LET), destinado a un control efectivo de la jornada laboral, para evitar impagos de horas extraordinarias, fundamentalmente, así como el control de las horas complementarias y las ampliaciones de jornada que vulneran el derecho a la desconexión. Precisamente esa es la otra regulación que deja pendiente ahora el mencionado proyecto de ley, así, la regulación del derecho a la desconexión digital a día de hoy queda sustentada por su disposición en la negociación colectiva y los protocolos empresariales que, en teoría, permiten adaptar este derecho a la realidad de cada sector o empresa.

El creciente auge del teletrabajo y el trabajo híbrido, desde la pandemia de COVID-19, ha tenido un fuerte impacto en las relaciones laborales, sobre todo en las mujeres. El Convenio 177 OIT obligaba a los estados que lo ratificaran a adoptar, aplicar y revisar periódicamente una política nacional en materia de trabajo a domicilio, para mejorar la situación de estos trabajadores, mayoritariamente mujeres, y al reconocimiento del derecho a la igualdad de trato entre los trabajadores presenciales y los trabajadores a domicilio[89]. La OIT conmemora su centenario reconociendo que el mundo del trabajo se está transformando radicalmente, impulsado por las innovaciones tecnológicas, así como entiende que es imprescindible actuar urgentemente, para aprovechar las oportunidades y afrontar los retos a fin de construir un futuro del trabajo justo, inclusivo y seguro, con empleo pleno, productivo y libremente elegido y trabajo decente para todos.

Justamente, teniendo en cuenta que hay que aprovechar cualquier progreso tecnológico en el ámbito laboral, en la De-

---

Digital. *Apuntes 2025*/21 mayo de 2025

89. OIT. *Convenio sobre el trabajo a domicilio*, núm. 177 (1996). España depositó los instrumentos de ratificación el 25 de mayo de 2022 y entró en vigor el 25 de mayo de 2023

claración del Centenario de la OIT para el Futuro del Trabajo, la OIT debe orientar sus esfuerzos a lograr la igualdad de género en el trabajo, mediante un programa transformador, evaluando periódicamente los progresos realizados, que permita una mejor conciliación de la vida profesional y la vida privada, de modo que los trabajadores y los empleadores acuerden soluciones, inclusive en relación con el tiempo de trabajo, que tengan en cuentan sus necesidades y beneficios respectivos, y – promueva la inversión en la economía del cuidado[90].

Queda patente que, tras la pandemia de COVID-19, ha aumentado de manera exponencial el número de personas que teletrabajan, personas que suelen encontrarse en una situación laboral poco clara en abundantes ocasiones, acarreando una protección legal insuficiente y una posición negociadora débil, lo que conducen a su aislamiento, con su consiguiente invisibilidad. Reconociendo que las personas teletrabajadoras están en una situación de vulnerabilidad en el contexto del trabajo, el Convenio núm. 177, junto con la Recomendación núm. 184[91], tienen como finalidad la promoción del trabajo decente y la igualdad de trato entre los trabajadores a domicilio. La relevancia del Convenio núm. 177 no ha dejado de crecer en las últimas décadas, como consecuencia de las innovaciones tecnológicas y los cambios profundos en la estructura y organización del trabajo.

La desconexión digital es un derecho reconocido en el artículo 88 de la Ley Orgánica 3/2018, de 5 de diciembre, de Protección de Datos Personales y garantía de los derechos digitales (LOPDGDD), que garantiza no sólo el descanso de los trabajadores fuera del tiempo de trabajo, sino también los permisos o vacaciones, redundando en el respeto a la intimidad personal y familiar, de acuerdo con lo que se establezca en la negociación colectiva. La LTD, fue la primera norma laboral en la que se incluyeron las previsiones regidas en la LOPDGDD facultando a

---

90. OIT. *Declaración del Centenario de la OIT para el Futuro del Trabajo*, 1 de junio de 2019

91. OIT. *Recomendación sobre el trabajo a domicilio*, núm. 184 (1996).

la negociación colectiva el establecer medios y medidas que garanticen la desconexión digital y la adecuada organización de la jornada que permitiera la compatibilidad con los tiempos de descanso, contribuyendo a una mejor salud laboral de las personas trabajadoras, evitando o reduciendo los riesgos, tales como el estrés tecnológico o la fatiga mental, derivados de esta nueva forma de organización laboral.

Tras unos años de experiencia de esta modalidad de trabajo, han sido varios los estudios que han versado sobre la materia. Así, el informe de la European Agency for Safety and Health at Work, Explorando la dimensión de género del teletrabajo: implicaciones para la seguridad y la salud en el trabajo (2024) ha analizado la dimensión de género del teletrabajo y la seguridad y salud en el trabajo y revisó la evolución de la legislación relacionada. Entre las lagunas normativas identificadas halló la nula o escasa implantación de las políticas de Seguridad y Salud en el Trabajo a nivel empresarial y de género, así como la ausencia de perspectivas de género en la regulación del teletrabajo centrada en la Seguridad y salud en el trabajo. En este estudio se destacó que las disposiciones con perspectiva de género en el ámbito del teletrabajo y el trabajo híbrido pueden contribuir al equilibrio entre la vida laboral y familiar de las mujeres y a su integración en el mercado laboral[92].

Como ya se ha apuntado, en España, tras el fallido intento de regular la jornada máxima de trabajo a través del Proyecto de Ley para la Reducción de la duración máxima de la jornada ordinaria de trabajo, el registro de jornada y el derecho a la desconexión, cobran importancia, se encienden los focos sobre la aprobación de un real decreto que regule el registro de jornada y que también trate del derecho a la desconexión[93]. Para

---

92. European Agency for Safety and Health at Work, *Explorando la dimensión de género del teletrabajo: implicaciones para la seguridad y la salud en el trabajo* (2024).
93. ROJO TORRECILLA, Eduardo (2025) Se apagaron, de momento, los focos de la reducción legal de la jornada anual del trabajo. Se encienden los del registro

ello las miras están puestas en el proyecto de Real Decreto por el que se desarrolla el Texto refundido de la Ley del Estatuto de los Trabajadores en materia de registro de jornada[94].

Resulta evidente la finalidad, toda vez que deviene difícil apostar por una normativa que regule la reducción de la jornada máxima, ésta tendrá que ir vía convencional y el siguiente reto será velar de manera firme por el cumplimiento de la jornada actual, controlando las horas extraordinarias (y las ilegales), las horas complementarias, las ampliaciones de jornadas vulnerando el derecho a la desconexión, es decir, resolviendo las problemáticas generadas por una insuficiente actual regulación del registro horario que lastra su eficacia sin impedir adecuadamente los incumplimientos normativos y los perniciosos excesos de jornada, tan graves para la salud de las personas trabajadoras y dificultan la conciliación de la vida laboral y personal, con un perjuicio mayor para las mayoritariamente encargadas de los cuidados, las mujeres. Para ello se pretende garantizar tanto del procedimiento y funcionamiento del registro como los contenidos mínimos que ha de tener dicho registro, así como asegurar un control adecuado por parte de la Inspección de Trabajo y Seguridad Social.

Con el pretendido nuevo proyecto de normativa se pretende garantizar, fuera del tiempo de trabajo legal o convencionalmente establecido, el respeto al tiempo de descanso, permisos y vacaciones, así como la intimidad personal y familiar, el derecho a la desconexión, que a buen seguro tendrá un claro impacto en el trabajo femenino. Si bien es cierto que las medidas para afianzar la desconexión con perspectiva de género no serán suficientes con un funcionamiento más exhaustivo del registro horario, sino que deberán ir precedidas estas medidas de otras tales como un diagnóstico por parte de las empresas de las desigualdades de gé-

---

de jornada. *El nuevo y cambiante mundo del trabajo. Una mirada abierta y crítica a las nuevas realidades laborales.* 12 septiembre 2025. http://www.eduardorojotorrecilla.es/2025/09/se-apagaron-de-momento-los-focos-de-la.html
94. Mediante Consejo de Ministros de 30 de septiembre de 2025 se acordó la tramitación urgente del proyecto de Real Decreto de registro de jornada.

nero en el entorno digital empresarial; protocolos específicos que consideren las particularidades del teletrabajo y la violencia de género, estableciendo medidas para prevenir y abordar el acoso sexual, por razón de sexo o laboral; políticas públicas que promuevan la corresponsabilidad real; flexibilidad horaria; implementación de modelos de trabajo que promuevan el bienestar y la igualdad; así como formación y sensibilización sobre el uso responsable de la tecnología y los derechos de desconexión.

El registro horario permite verificar que se cumplen los horarios pactados por conciliación y que no se sobrecarga a quienes disfrutan de estos derechos. También impide prácticas como asignar tareas fuera del horario o exigir presencia fuera del turno pactado. Además, los datos pueden mostrar si hay un uso desigual de las medidas de conciliación entre hombres y mujeres, ayudando a combatir roles de género y promover una igualdad efectiva. El control externo por parte de la representación sindical y por la Inspección de Trabajo puede constituir un refuerzo imprescindible para que el registro horario sea también una garantía de igualdad laboral.

Así las cosas, mientras llega o no esa posible reducción de la jornada máxima laboral, es conveniente seguir con la implantación de normativas y medidas que garanticen el correcto registro de la jornada laboral real, las horas extraordinarias y las horas complementarias, con atención también en lo referente a ese control en el trabajo a tiempo parcial y en la garantía del derecho a la desconexión, prestando especial atención a las consecuencias[95] que conlleva la sobreconexión y su relación con los derechos de conciliación de la vida laboral y familiar, en el avance de la igualdad de género.

---

95. *Vid.* MOLERO MARAÑÓN, Mª Luisa (2021) El derecho a la desconexión digital en el marco de la Unión Europea con especial atención a la igualdad de género. *Revista de Derecho Laboral vLex (RDLV)*, Nº. 4, 2021 (Ejemplar dedicado a: Monográfico: «El trabajo femenino, a examen jurídico»), pp. 139-157 y Véase en la misma publicación CASAS BAAMONDE, Mª Emilia Trabajo de las mujeres y digitalización pp. 67-88.

IV. EL DERECHO A CONCILIAR LA VIDA LABORAL Y FAMILIAR Y LA NEGOCIACIÓN COLECTIVA E INDIVIDUAL

IV.1. LA PROTECCIÓN DEL DERECHO A CONCILIAR LA VIDA LABORAL Y FAMILIAR EN ESPAÑA

Las primeras normas que regulan derechos de conciliación en España van unidas a la maternidad, así la jornada podía ser reducida o contar con derechos para ausentarse siempre que se hubiera superado el octavo mes de embarazo o se encontrara la mujer trabajadora en periodo de lactancia. Estos derechos eran regulados en normativas laborales sobre menores de edad que añadían un capítulo a las mujeres por su relación con las hijas e hijos, tal es el caso del Reglamento para la aplicación de la Ley de 13 de marzo de 1900 acerca del trabajo de mujeres y niños, que dedicaba el capítulo II al Trabajo de las mujeres[96]. Ni siquiera en la Ley relativa al contrato de trabajo, de 21 de noviembre de 1931[97], se hace alusión a los derechos de conciliación o las condiciones de la jornada para las mujeres, tan sólo

---

96. *Reglamento para la aplicación de la Ley de 13 de marzo de 1900 acerca del trabajo de mujeres y niños.* Publicado en Gaceta de Madrid, n.º 319, de 15 de noviembre de 1900, p. 562.
https://www.boe.es/datos/pdfs/BOE/1900/319/A00562-00562.pdf
97. *Ley relativa al contrato de trabajo, de 21 de noviembre de 1931.* Publicada en gaceta de Madrid el 22 de noviembre de 1931, n.º 326, pp. 1130-1138. https://www.boe.es/datos/pdfs/BOE/1931/326/A01130-01138.pdf

se hace una referencia a éstas al tratar la remuneración en el art. 51, regulando que tendrá validez siempre que no cuente con la oposición del marido o del padre.

Recordando que los poderes públicos tienen el deber de promover las condiciones para que la igualdad sea real y efectiva, debiendo remover los obstáculos que la impidan o dificulten, en España, la Ley 39/1999 de 5 de noviembre transpuso dos importantes directivas sobre la maternidad y el permiso parental, iniciando en nuestro país la andadura a favor de la conciliación familiar y laboral.

Y es que se hacen imprescindibles medidas de flexibilidad en el trabajo, con políticas y acciones impulsadas por familias, empresas, gobiernos y la representación de las personas trabajadoras, que promuevan la corresponsabilidad, la flexibilidad horaria, las reducciones y reordenaciones de jornada y permisos especiales para cuidar a hijas, hijos y personas dependientes.

Es importante recordar que, en el concepto *soberanía del tiempo*[98] se encuentran nociones más amplias que la mera gestión del tiempo de trabajo, implicando una verdadera capacidad decisoria sobre el tiempo de trabajo y de no trabajo, incluyendo la elección en su distribución[99], es decir, dar a la persona trabajadora potestad flexibilizadora sobre su horario laboral. Así, el tiempo de trabajo es considerado de manera global, el tiempo de trabajo se amolda al tiempo de no trabajo. Para la OIT, «los gobiernos, los empleadores y los trabajadores deben invertir esfuerzos en elaborar acuerdos sobre la ordenación del tiempo de trabajo que permitan a los trabajadores elegir los horarios de trabajo, sujetos a las necesidades que tenga la empre-

---

98. La Comisión Global sobre el futuro del trabajo de la OIT incluyó el concepto como uno de las «inversiones» necesarias para construir la agenda por un trabajo humano. Esto implica una concepción integral del trabajo y una visión amplia sobre los derechos fundamentales.

99. *Vid*. VEGA RUÍZ, Mª Luz (2020). La soberanía del tiempo de trabajo: Un nuevo enfoque para un concepto tradicional. *Revista Derecho Social y Empresa*, N.º 13, 2020.

sa de una mayor flexibilidad» (OIT, 2019), con condiciones laborales alejadas del presencialismo físico en la empresa.

Referido a la conciliación de la vida familiar y laboral, las dificultades no sólo se hacen presentes en los hogares con modelos familiares tradicionales, sino también y, en ocasiones de forma más aguda, en las familias monoparentales. Según las estadísticas de la UE, las familias monoparentales representaban casi el 14% de todas las familias con hijos en la UE en el año 2022, sabiendo que la mayoría de los progenitores solteros son mujeres, según informa la Encuesta Europea de Condiciones de Trabajo. Según la mencionada encuesta, alrededor del 18% de las personas trabajadoras expresaron dificultades ostensibles para conciliar sus actividades laborales y su vida no laboral en 2021[100] y, en 2015, esta cifra fue del 19%[101]. Por tanto, resulta incuestionable la relación directa entre la mayor duración de la jornada de trabajo y las mayores dificultades para alcanzar un equilibro con la vida personal y familiar, siendo más desfavorables para las mujeres que para los hombres. Justamente, las estadísticas y los datos de los organismos internacionales reflejan que son las mujeres las que invierten más tiempo en la atención de las obligaciones derivadas del hogar y los cuidados, siendo determinantes, en esta desigualdad, el trabajo informal y no remunerado. La soberanía sobre los tiempos de trabajo y de vida personal de las personas trabajadoras presenta un importante sesgo de género. Así, la pobreza del tiempo de trabajo conduce a la pobreza económica[102], cuyo sesgo de género resulta todavía más alarmante.

Las dos principales instituciones de la Unión Europea, el Parlamento y el Consejo, en 2017, presentaron la propuesta de

---

100. TRILLO PÁRRAGA, Francisco José (2024) Reducción de la jornada de trabajo en la Unión Europea. *Op. Cit.*.

101. Eurofound, Sixth European working conditions survey, Luxembourg, Publications Office of the European Union, 2016.

102. CASAS BAAMONDE, Mª. Emilia (2019). Soberanía sobre el tiempo de trabajo e igualdad de trato y de oportunidades de mujeres y hombres. *Derecho de las Relaciones Laborales*. 3: 227-244.

Directiva, relativa a la conciliación de la vida familiar y la vida profesional de los progenitores y de los cuidadores, que deroga la Directiva 2010/18/UE del Consejo, no sin reproches por la carencia de disposiciones sobre los permisos de cuidado equitativos y sin vinculación al género, que permitieran asumir las mismas responsabilidades familiares que las mujeres para los hombres. La Directiva (UE) 2019/1158, de 20 de junio, incluye una nueva clasificación de los permisos, diferenciando entre el de paternidad y el parental, a la vez que mantiene el permiso por fuerza mayor, y crea *ex novo* un permiso para cuidadores, en otras necesidades de cuidado, permisos intransferibles. A su vez, también se avalan fórmulas de trabajo flexibles, reforzándose las garantías de disfrute de estos permisos.

Como resultado, en España, el Real Decreto-Ley 6/2019, de medidas urgentes para la igualdad de mujeres y hombres[103], recogió el espíritu de la norma europea sobre igualdad de género, la flexibilización del trabajo y la individualización de los permisos de conciliación, estableciendo acciones positivas para el ejercicio del trabajador masculino de los derechos de conciliación e introdujo importantes modificaciones en materia laboral y de Seguridad Social.

A pesar de los esfuerzos legislativos, en general, una vez aplicadas las medidas adoptadas, resultan insuficientes, ya que las mujeres se encuentran en una situación de infrarrepresentación en el empleo, con trabajos a tiempo parcial, temporales o informales (como así lo reflejará la STJUE, Sala Octava, de 25 de febrero de 2021, C-129/20, *XI* contra *Caisse pour l´avenir des enfants)*[104].

---

103. Real Decreto-ley 6/2019, de 1 de marzo, de medidas urgentes para garantía de la igualdad de trato y de oportunidades entre mujeres y hombres en el empleo y la ocupación. BOE 7 de marzo de 2019.
104. Sentencia del Tribunal de Justicia de la UE (Sala Octava), de 25 de febrero de 2021. XI contra Caisse pour l'avenir des enfants. Petición de decisión prejudicial planteada por la Cour de cassation du Grand-Duché de Luxemburgo. Asunto C-129/20: Normativa nacional que supedita la concesión del derecho a un permiso parental a la ocupación de un puesto de trabajo y a la afiliación

De otra parte, las nuevas tecnologías, implantadas en el ámbito laboral se muestran como un medio para facilitar la conciliación de las obligaciones laborales y familiares, instándose, desde las instituciones europeas a los estados, a aprovechar todo el potencial que ofrecen los avances tecnológicos hacia un favorecimiento de la flexibilidad en la organización laboral. Sin embargo, como ya ha señalado la OIT, en su Guía práctica sobre el teletrabajo de 2020 y en la Conferencia Internacional de 2021, el teletrabajo puede propiciar la conciliación, al permitir más flexibilidad en la adaptación del trabajo, pero no es en sí misma una medida conciliadora. De hecho, se ha podido comprobar que incrementa las dificultades para delimitar la jornada de trabajo y separar nítidamente el tiempo de descanso del hecho de «estar conectado» al trabajo, con la problemática de una hiperconectividad, de graves consecuencias, a incluir en la lista de los riesgos psicosociales, constatando una dificultad para diluir las fronteras entre lo profesional y lo personal, entre el tiempo de trabajo y de no trabajo, confundiendo ambos tiempos, con una posibilidad desmedida de la distribución irregular de la jornada.

Tras el Reglamento Europeo de Protección de Datos[105], en nuestro ordenamiento jurídico, se reconoció expresamente el «derecho a la desconexión digital». Este nuevo derecho se recoge en la Ley Orgánica 3/2018, de 5 de diciembre, de Protección de Datos Personales y Garantía de Derechos Digitales[106], que, en su Disposición Final decimotercera, introduce un nuevo art. 20 bis

---

obligatoria del trabajador, como tal, al correspondiente régimen de la seguridad social, en la fecha de nacimiento del hijo. https://eur-lex.europa.eu/legal-content/ ES/TXT/?uri=CELEX:62020CJ0129.

105. Reglamento de la Unión Europea 2016/679 del Parlamento Europeo y del Consejo de 27 de abril de 2016, relativo a la protección de las personas físicas en lo que respecta al tratamiento de datos personales y a la libre circulación de estos datos y por el que se deroga la Directiva 95/46/CE. DOUE de 4 de mayo de 2016.

106. LO 3/2018, de 5 de diciembre, de Protección de Datos Personales y Garantía de Derechos Digitales. BOE de 6 de diciembre de 2018 (LOPDP).

en la LET, junto con el derecho de intimidad en el uso de los dispositivos digitales, puestos a su disposición por el empleador, y uso de dispositivos de videovigilancia y geolocalización, que se ejercerá, según la legislación vigente en materia de protección de datos personales y garantía de los derechos digitales.

Con el artículo 20 bis de la LET, que recoge, entre otros, el derecho a la desconexión digital de los trabajadores con carácter general y por su parte, la Ley 10/2021, de 9 de julio, de Trabajo a distancia reconoció e incluyó (art. 18) el derecho a la desconexión digital de las personas que trabajan a distancia, particularmente en teletrabajo, en los términos establecidos en la LOPD, definiendo en qué debe consistir la garantía de la desconexión, la obligación de elaborar una política interna de la empresa, en la que se definan las modalidades de ejercicio del derecho, junto con acciones de formación y sensibilización, y una llamada a los convenios colectivos, que podrán establecer medidas adecuadas para garantizar el ejercicio efectivo de este derecho.

El contenido esencial del derecho de desconexión digital se determina en el art. 88 de la LOPD para «garantizar fuera del tiempo de trabajo legal o convencionalmente establecido, el respeto de su tiempo de descanso, permisos y vacaciones, así como de su intimidad personal y familiar», lo que conllevará una protección de la intimidad y la conciliación de la vida personal con el trabajo. Para ello, la negociación colectiva adquiere un papel fundamental, como así lo refleja el art. 91 de la LOPDP, al tratar el ejercicio de los derechos digitales, recogiendo, expresamente, la importancia de «lo acordado entre la empresa y los representantes de los trabajadores», aunque esto no impide que se pueda acudir a un pacto individual, entre empresa y persona trabajadora, para la regulación de la adaptación de la jornada. Desafortunadamente, en la práctica no siempre es así y la parte empresarial suele ser la que unilateralmente implemente las acciones de formación y de sensibilización del personal sobre un uso razonable de las herramientas tecnológicas, que evite el riesgo de la fatiga informática, determinando, de este modo, el verdadero alcance de los derechos digitales de la parte trabajadora. Se pierde así, la oportunidad de tener un mercado laboral más inclusivo, aprovechando los nuevos avances hacia una mayor igualdad en las condiciones laborales de todas las personas trabajadoras.

A ello hay que acompañar que, se presentan un desafío para la legislación antidiscriminatoria en el ámbito laboral, se trata de la nueva discriminación algorítmica[107], discriminación indirecta que necesitará de instrumentos jurídicos correctores.

IV.2 LA NEGOCIACIÓN COLECTIVA E INDIVIDUAL

Como ya se ha advertido, se realiza una llamada a la negociación colectiva, para que sea ésta la que determine los términos del ejercicio de estas adaptaciones de la jornada de trabajo. Así lo recoge el art. 34.8 LET, que no regula un procedimiento detallado, sino que se remite a la negociación colectiva. configurándose, además, como un contenido dispositivo para los convenios colectivos[108]. Eso sí, previendo las dificultades de este cometido, como regla subsidiaria, deberá acudirse al acuerdo individual entre empresa y persona trabajadora interesada. Y es aquí donde el art. 34.8 ET incorpora una previsión mucho más precisa, al prever la necesidad de que se abra un proceso de negociación individual[109].

Como recalca la jurisprudencia, esta negociación deberá llevarse a cabo según las reglas de la buena fe[110], exigiendo a ambas partes que, a lo largo de la misma, puedan revisar, en la

---

107. *Vid.* SÁENZ LARA, Carmen (2020) Algoritmos y discriminación en el empleo: un reto para la normativa antidiscriminatoria. *Revista Española de Derecho del Trabajo.* Nº232, pp.36-47.

108. BARRIOS BAUDOR, Guillermo L (2019), «Adaptación de la jornada de trabajo por motivos de conciliación de vida familiar y laboral», Revista Aranzadi Doctrinal, nº2 (2019).

109. SSTSJ de Galicia (social): de 3 de febrero de 2022 (Rec. n.º 5108/2021), y de 5 de diciembre de 2019 (Rec. n.º 5209/2019).

110. STSJ Galicia (social), 3 de febrero de 2022 (Rec. n.º 5108/2021).

medida de lo posible, su exigencia para intentar llegar a una solución, que resulte equilibrada, desde la perspectiva del derecho a conciliar y el derecho a mantener una organización del tiempo de trabajo adecuada en la empresa. Esta negociación de buena fe revela que no será posible la negativa empresarial injustificada, o justificada de manera genérica, en la imposibilidad organizativa de atender la solicitud[111], sin dar cabida a no plantear una propuesta alternativa[112]. Por tanto, este derecho se configura como una expectativa de derecho, que queda supeditado a la existencia de una regulación convencional o de pacto entre ambas partes[113].

El convenio colectivo puede ser un instrumento esencial en el procedimiento de reconocimiento de este derecho, estable-

---

111. STSJ Galicia (social), 3 de febrero de 2022 (Rec. n.º 5108/2021).
112. STSJ de Asturias (social), 22 de enero de 2019 (Rec. n.º 2815/2018); STSJ de Andalucía (social), 1 de febrero de 2018 (Rec. n.º 4108/2017).
113. SSTS (social), de 13 de junio de 2008 (Rec. n.º 897/2007); de 18 de junio de 2008 (Rec. n.º 1625/2007); de 19 de octubre de 2009 (Rec. n.º 3910/2008); de 20 de mayo de 2009 (Rec. n.º 2286/2008); de 20 de octubre de 2010 (Rec. n.º 3501/2009). SSTSJ (social) de: Castilla-La Mancha, de 3 de diciembre de 2008 (Rec. n.º 32/2008); Madrid, 27 de febrero de 2009 (Rec. n.º 4739/2008); Madrid, 2 de marzo de 2010 (Rec. n.º 5855/2009); Madrid, 16 de enero de 2012 (Rec. n.º 1187/2011); Madrid, 10 de mayo de 2012 (Rec. n.º 2426/2011); Madrid, 16 de mayo de 2012 (Rec. n.º 2946/2011); Madrid, 16 de diciembre de 2013 (Rec. n.º 1538/2013); Galicia, 23 de julio de 2009 (Rec. n.º 1229/2009); Galicia, 23 de mayo de 2014 (Rec. n.º 50/2014); Castilla y León, 17 de junio de 2009 (Rec. n.º 390/2009); Castilla y León, 29 de abril de 2010 (Rec. n.º 221/2010); Aragón, 5 de noviembre de 2008 (Rec. n.º 792/2008); Andalucía, 6 de mayo de 2010 (Rec. n.º 2497/2009); Castilla y León, 11 de enero de 2012 (Rec. n.º 1745/2011). En sentido contrario, por considerar que en estos supuestos deben ponderarse los intereses en juego, pero dando prevalencia al derecho a la conciliación de la vida familiar y laboral, se hallan las SSTSJ Canarias, de 18 de marzo de 2013 (Rec. n.º 244/2011); Canarias, 25 de septiembre de 2019 (Rec. n.º 765/2019); Galicia, 21 de noviembre de 2011 (Rec. n.º 1388/2010); Galicia, 9 de octubre de 2012 (Rec. n.º 3057/2009).

ciendo unos criterios claros en esta ponderación de intereses de la persona trabajadora y de la empresa[114].

Revisando los convenios colectivos sectoriales de ámbito estatal, se constata que, la gran mayoría, se limitan a reproducir el contenido del art. 34.8 ET. Por un lado, un grupo de convenios que reconocen este derecho, sin incluirlo en el capítulo de derechos de conciliación o fomento de la igualdad, sino en el capítulo de ordenación del tiempo de trabajo, concretamente, en la distribución irregular de la jornada de trabajo, donde es la empresa la que tiene el poder de decisión[115]. Otro grupo de convenios, aunque se limitan también a reproducir el art. 34.8 ET, sí que recoge este derecho dentro del capítulo dedicado a la conciliación o «armonización de la vida laboral, personal o familiar»[116]. o el de permisos, licencias y excedencias[117], dándo-

114. POQUET CATALÀ, Raquel (2023), El derecho a la adaptación de la jornada como medida de conciliación, en GARCÍA GONZÁLEZ, Guillermo y MORENO SOLANA, Amanda (Dirs.) *La negociación colectiva ante los nuevos retos jurídico-laborales: contratación, igualdad y digitalización.* Ed. Dykinson, S.L, 2023 Madrid.
115. Resolución de 28 de agosto 2023 de la Dirección General del Trabajo, por la que se registra y publica el IX Convenio colectivo estatal del corcho, BOE núm. 214, de 7 de septiembre de 2023, pp. 123209 a 123285.
116. Resolución de 6 de febrero de 2025, de la Dirección General de Trabajo, por la que se registra y publica el VI Convenio colectivo marco del Grupo Endesa. BOE núm. 41, de 17 de febrero de 2025, pp. 22011 a 22154; Resolución de 13 de julio de 2023, de la Dirección General de Trabajo, por la que se registra y publica el XVIII Convenio colectivo estatal de empresas de consultoría, tecnologías de la información y estudios de mercado y de la opinión pública. BOE núm. 177, de 26 de julio de 2023, pp. 108962 a 109002; Resolución de 30 de mayo de 2023, de la Dirección General de Trabajo, por la que se registra y publica el III Convenio colectivo de ámbito estatal del sector de contact center. BOE núm. 137, de 9 de junio de 2023, pp. 82467 a 82519.
117. Resolución de 9 de marzo de 2023, de la Dirección General de Trabajo, por la que se registra y publica el Convenio colectivo estatal para las industrias de curtido, correas y cueros industriales y curtición de pieles para peletería. BOE núm. 69, de 22 de marzo de 2023, pp. 43023 a 43079; Resolución de 18 de enero de 2022, de la Dirección General de Trabajo, por la que se registra y publica el Convenio colectivo estatal del sector de radiodifusión comercial sonora. BOE núm. 24, de 28 de enero de 2022, pp. 11478 a 11517.

le, de esta forma, esa visión pretendida de medida de conciliación de la vida laboral y familiar de la persona trabajadora y no tanto desde el punto de vista del beneficio empresarial. Además, hay otro grupo de convenios que reconocen este derecho en el capítulo titulado «condiciones laborales»[118], donde se regulan materias desde la jornada de trabajo, turnos de trabajo, la distribución irregular de la jornada de trabajo y la bolsa de horas de trabajo a favor de la empresa, o los permisos, licencias, vacaciones y excedencias, entre otras.

Sin embargo, la configuración convencional de determinados complementos vinculados a la disponibilidad horaria, la turnicidad o la nocturnidad puede contribuir a perpetuar desigualdades estructurales, si no se consideran adecuadamente las circunstancias diferenciales que afectan a mujeres y hombres en el acceso y disfrute de estas condiciones laborales[119]. Por ello, el V Acuerdo para el Empleo y la Negociación Colectiva (2023)[120], afirma expresamente que «la igualdad entre mujeres y hombres se mantiene en un apartado con compromisos específicos, pero además apostamos por una visión trasversal que integre, con perspectiva de género, medidas en el ámbito de la estructura salarial, los sistemas de clasificación profesional o los instrumentos de flexibilidad interna en aras a una mayor corresponsabilidad entre mujeres y hombres».

En el art 34.8 de la LET se dispone que «En la negociación colectiva se podrán establecer», ..., «los términos de su ejerci-

---

118. Resolución de 24 de marzo de 2023, de la Dirección General de Trabajo, por la que se registra y publica el Convenio colectivo de la industria del calzado. BOE núm. 85, de 10 de abril de 2023, pp. 51548 a 51595.
119. RODRÍGUEZ GONZÁLEZ, Sarai (2025). Reducción de jornada por guarda legal y derecho a la percepción íntegra del complemento de turnicidad. Comentario a la Sentencia del Tribunal Supremo 5/2025, de 14 de enero de 2025 (Rec. 963/2024). *Revista Crítica de Relaciones de Trabajo, Laborum*, 15 (2025): 187-199.
120. Resolución de 19 de mayo de 2023, de la Dirección General de Trabajo, por la que se registra y publica el V Acuerdo para el Empleo y la Negociación Colectiva. BOE núm. 129, de 31 de mayo de 2023, pp. 75426 a 75447.

cio, que se acomodarán a criterios y sistemas que garanticen la ausencia de discriminación, tanto directa como indirecta, entre personas trabajadoras de uno y otro sexo. En su ausencia, la empresa, ante la solicitud de la persona trabajadora, abrirá un proceso de negociación con esta que tendrá que desarrollarse con la máxima celeridad y, en todo caso, durante un periodo máximo de quince días, presumiéndose su concesión si no concurre oposición motivada expresa en este plazo», de tal modo que, ante la ausencia de negociación, la reciente jurisprudencia, apunta a una concesión automática a la adaptación solicitada. En concreto, en la STS de 24 de septiembre de 2025 (Rec. 917/2024), la Sala de lo Social, en recurso de casación para la unificación de la doctrina, resuelve, entre otras materias, sobre la obligación de negociar de la empresa, estableciendo un efecto automático ante una falta de negociación que exige el reconocimiento de lo solicitado por la persona trabajadora.

En cuanto a la negociación colectiva, al igual que en la reordenación o flexibilidad del tiempo de trabajo, la negociación colectiva está llamada a desempeñar un papel fundamental en la jornada de trabajo femenino, por lo que los convenios colectivos no solo han de regular esta cuestión, para evitar que este derecho haya de ser negociado directamente entre la persona trabajadora y la empresa, sino que, también se haga con perspectiva de género, evitando, como ocurre en muchos convenios, que simplemente lo exponen como un derecho de conciliación en general, o directamente se apuesta por el teletrabajo como modalidad idónea para promover la conciliación de la vida laboral, familiar y personal. Sin embargo, incluso se prevé la creación de comisiones ad hoc o bien integradas en la comisión paritaria del convenio colectivo, para atender las demandas de trabajadores y así, entre otras razones, realizar la adaptación de jornada por motivos familiares[121]. Por otro lado, algunos conve-

---

121. Como en el artículo 45 del Convenio Colectivo sectorial estatal de servicios externos auxiliares y atención al cliente en empresas de servicios ferroviarios, BOE de 9 de marzo de 2022

nios regulan permisos de conciliación, a modo de híbrido (teniendo que ser objeto de acuerdo entre las partes) entre la suspensión y la adaptación, al suspenderse las retribuciones, pero no la obligación de cotizar a la seguridad social[122], eso sí, siempre habrá que velar por garantizar que las personas trabajadoras, que ejerzan el derecho a la adaptación de la jornada, tengan los mismos derechos que las personas trabajadoras presenciales[123].

El convenio colectivo podría asumir un rol importante en la regulación del procedimiento de reconocimiento del derecho a la adaptación de la jornada, podría prever fuesen determinados órganos de la empresa, o incluso órganos creados ad hoc, quienes valorasen la necesidad alegada por la persona trabajadora y las dificultades de la empresa para dar respuesta a esa necesidad de conciliación, podría disponerse en el convenio la obligación de las partes de acudir a arbitraje o conciliación para resolver los conflictos que se pudieran plantear en esta materia[124], e incluso mejorar las condiciones para solicitar la adaptación de jornada previendo, por ejemplo, la ampliación del derecho a solicitar la adaptación de jornada, aunque los menores hubieran cumplido los doce años[125]. Sin embargo, a pesar del

---

122. Sirvan de ejemplo para cada uno de los supuestos: el artículo 34 del V del Convenio colectivo estatal del sector de radiodifusión comercial sonora, BOE de 28 de enero de 2022; el artículo 23 del Convenio colectivo de Heineken España, SA, BOE de 2 de diciembre de 2021, o el artículo 40 del VII Convenio colectivo sectorial estatal de cadenas de tiendas de conveniencia, BOE de 25 de febrero de 2022

123. Es el caso del Artículo 9 del Convenio colectivo general de ámbito estatal para el sector de entidades de seguros, reaseguros y mutuas colaboradoras con la Seguridad Social, BOE de 27 de diciembre de 2021

124. GORELLI HERNÁNDEZ, Juan (2020). Tiempo de tiempo de trabajo y conciliación de la vida laboral y familiar: el RD-ley 6/2019, en GONZÁLEZ ORTEGA, S. (coord.), *El nuevo escenario en materia de tiempo de trabajo: XXXVIII Jornadas Universitarias Andaluzas de Derecho del Trabajo y Relaciones Laborales*, 2020, pp. 125-160.

125. SJSO 4880/2019, SJS de Valladolid, secc. 1, de 22 noviembre 2019 (Rec. 667/2019), N.º de Resolución: 426/2019. Ponente: ALFONSO GONZALEZ

encargo directo del legislador, son muy pocos los convenios colectivos que regulan la adaptación de jornada[126]. Y los pocos que lo hacen, se limitan, básicamente, a garantizar el ejercicio del derecho «en los términos legalmente establecidos»[127], o a copiar las previsiones del art. 34.8 LET[128].

El problema es que, a falta la regulación convencional, no se garantiza su efectividad real en la práctica, al igual que se hace por ejemplo con los derechos de formación (el artículo 23.1.b del ET reconoce el derecho del trabajador a la adaptación de la jornada ordinaria de trabajo para la asistencia a cursos de formación profesional). La solución podría estar en legislar para el que el reconocimiento de los derechos de conciliación fuera de manera automática.

A modo de paréntesis, como ya se verá en el siguiente apartado, en el análisis de la reciente jurisprudencia del Tribunal Supremo, el Alto Tribunal hace uso de la herramienta de la perspectiva de género en la interpretación y aplicación del régimen retributivo para evitar posibles situaciones de discriminación indirecta sobre las mujeres, principales solicitantes de medidas de conciliación de la vida laboral y familiar y de lo

---

GONZÁLEZ. Se centra en el derecho del trabajador a ajustar su horario y jornada laboral para conciliar la vida familiar. Esta sentencia confirma el derecho del trabajador a adaptar su horario y jornada, siempre y cuando no sea en los casos en los que la ley o un convenio colectivo no lo permitan.

126. MELÉNDEZ MORILLO-VELARDE, Lourdes. (2023) El derecho a solicitar la adaptación de jornada: Una aproximación legal y judicial. *Anuario Jurídico y Económico Escurialense*, LVI (2023) 95-120

127. Art. 46 Resolución de 13 de marzo de 2017, de la Dirección General de Empleo, por la que se registra y publica el IV Convenio colectivo sectorial estatal de servicios externos auxiliares y atención al cliente en empresas de servicios ferroviarios. BOE núm. 74, de 28 de marzo de 2017, pp. 23180 a 23224.Y art. 57 XXIV Convenio colectivo del sector de la banca (Resolución de 17 de marzo de 2021, de la Dirección General de Trabajo, por la que se registra y publica el XXIV Convenio colectivo del sector de la banca. BOE núm. 76, de 30 de marzo de 2021, pp. 36296 a 36357).).

128. Un ejemplo de esta práctica puede verse en VIII Convenio colectivo estatal del corcho. (BOE núm. 214, de 7 de septiembre de 2023, pp. 123209 a 123285).

dispuesto en los convenios colectivos. En concreto, lo pone de manifiesto en STS de 14 de enero de 2025 (Recud.963/2024), al valorar la incidencia de la reducción de jornada por cuidado de menor de doce años, en la percepción de los complementos salariales, reiterando el criterio jurisprudencial que distingue entre los complementos salariales, que deben reducirse proporcionalmente en función de la disminución del tiempo de trabajo y aquellos cuya naturaleza no guarda relación directa con la duración de la jornada. La Sala de lo Social confirma que, el plus de turnicidad constituye un complemento salarial destinado a compensar la especial penosidad asociada a la prestación de servicios en régimen de turnos rotatorios. Al no estar vinculado a la duración de la jornada, dicho complemento debe abonarse íntegramente en aquellos supuestos en los que la persona trabajadora, pese a haber reducido su jornada, continúa sujeta al sistema de turnos.[129].

---

129. La Sentencia 4/2025 de la Sala de lo Social del Tribunal Supremo, de 14 de enero de 2025 (Rec. 963/2024), de la que fue ponente Juan Molins García-Atance, examina el supuesto de una trabajadora que ha venido prestando servicios con categoría de mando intermedio en REPSOL PETRÓLEO, S.A. desde el 24 de junio de 2006, percibiendo un salario bruto de 3.075,7 de euros mensuales con prorrata de pagas extra.
La trabajadora solicitó reducción de jornada para el cuidado de menor de doce años del 50% de su jornada anual en los años 2019 y 2020 manteniendo sus turnos rotativos de trabajo de mañana, tarde y noche (mañana de 8:00 horas a 12:00 horas, tarde de 14: 00 horas a 18:00 horas y noches de 22:00 horas a 2:00 horas). La empresa le reduce la jornada en el modo solicitado y procede a disminuir toda su retribución de modo proporcional, incluyendo el plus de turnicidad. El citado plus global de turno estaba regulado en el art. 43 del XII Convenio colectivo de Repsol Petróleo, S.A. La trabajadora solicita a la empresa el abono íntegro del plus de turnicidad al completo, argumentando que, a pesar de haber reducido su jornada diaria al 50%, continúa presentando sus servicios el mismo número de días y turnos que realizaba a jornada completa. Dicha solicitud fue rechazada por la empresa al entender que, durante el periodo de reducción de jornada por guarda legal, la trabajadora no tiene derecho a percibir la cuantía íntegra del complemento de turnicidad la cuantía reducida de manera proporcional a la jornada realizada. la Sala de lo Social del Tribunal Superior de Justicia de Madrid confirma el criterio mantenido en sus sentencias 351/2022,

Volviendo a la problemática que genera la escasa regulación vía convencional de la materia objeto de estudio, se pone de manifiesto que, en la negociación individual del art 34.8 de la LET, las empresas asumen un papel relevante ante la ausencia de previsión convencional que regule el procedimiento de adaptación de jornada. Dado el caso, la empresa queda obligada a abrir un proceso de negociación con la persona solicitante (art. 34.8 ET). Así lo recuerda la STS de 21 diciembre 2021 (núm. 64/2020)[130], que el proceso de negociación entre la empresa y la persona trabajadora «solo debe abrirse, como expresamente establece el propio artículo 34.8 ET, en ausencia de pacto en la negociación colectiva sobre los términos del ejercicio del derecho a la adaptación de la duración y distribución de la jornada de trabajo».

También los juzgados de lo social[131], en sus resoluciones, destacan la relevancia del papel de la empresa en este proceso. De esta manera, la SJS de Palma de Mallorca, secc. 2, de 4 fe-

---

de 8 de abril (Rec. 1133/2021) y 211/2022, de 14 de marzo (Rec. 939/2021). Y concluye que la exposición a la penosidad inherente al sistema de turnicidad durante la reducción de jornada permanece inalterada, por lo que resulta inadecuada aplicación del principio *prorrata temporis* para la determinación del complemento salarial afectado. Disconforme con la solución alcanzada por la sentencia de suplicación, la empresa presenta recurso de casación para la unificación de doctrina, argumentando que la reducción de jornada por guarda legal debe conllevar una reducción proporcional de la retribución del plus global del turno. La Sala Cuarta del Tribunal Supremo completa su razonamiento señalando expresamente la necesidad de incorporar la perspectiva de género en el supuesto enjuiciado (FJ 4, apartado tercero), aclarando que la perspectiva de género es un criterio de interpretación de obligada integración en los pronunciamientos judiciales y es acertada la alusión en este caso toda vez que el colectivo fundamentalmente afectado por la reducción de jornada por guarda legal de menores de doce años es el de las mujeres.

130. Roj: STS 4942/2021. Tribunal Supremo. Sala de lo Social, de 21 de diciembre de 2021, N.º de Recurso: 64/2020 N.º de Resolución: 1286/2021 Procedimiento: Recurso de casación para la unificación de doctrina Ponente: IGNACIO GARCIA-PERROTE ESCARTIN.

131. Integrados ahora dentro de los Tribunales de Instancia como Secciones de lo Social, según el nuevo modelo organizativo judicial establecido por la Ley

brero 2022 (Rec. 265/2021)[132], al analizar la evolución del derecho regulado en el art. 34.8 LET, señala que este precepto, tras la reforma operada por el Real Decreto-ley 6/2019, de 1 de marzo, configura la adaptación de jornada como un derecho de la persona trabajadora, derecho de carácter individual, que exige, en caso de inexistencia de previsión en convenio, que haya una negociación entre las partes, debiéndose aportar propuestas y alternativas, estando la empresa obligada a justificar los motivos que fundamentan su negativa a la conciliación solicitada.

Luego, el art. 34.8 LET prevé un auténtico proceso de negociación obligatorio para las partes y con un verdadero intercambio de propuestas y contrapropuestas, a fin de acercar los intereses, contrapuestos, de la empresa y de la persona trabajadora[133]. Pero no sólo se exige una negociación, como ocurre en el supuesto que juzga la Sala de lo Social STS, de 24 de septiembre de 2025 (Rec. 917/2024)[134], que analiza las consecuencias del incumplimiento empresarial por inexistencia de apertura del procedimiento negociador, sino que además, no será considerada una negociación válida[135] si la empresa no modifi-

---

Orgánica 1/2025, de 2 de enero, de medidas en materia de eficiencia del Servicio Público de Justicia. BOE núm. 3, de 3 de enero de 2025.
132. Roj: SJSO 723/2022. Juzgado de lo Social, Palma de Mallorca, Sección: 2, de 4 de febrero de 2022. N.º de Recurso: 265/2021, N.º de Resolución: 30/2022, Procedimiento: Derecho de conciliación de la vida personal, familiar y laboral reconocidos legal o convencionalmente. Ponente: HELENA ANIORTE CONESA.
133. VELASCO PORTERO, María Teresa (2015). El conflicto entre conciliación y necesidades empresariales en la organización del tiempo de trabajo: regulación legal, doctrina judicial e importancia de la negociación, en *Revista General de Derecho del Trabajo y de la Seguridad Social*, núm. 41 (2015) pp. 66 y 67.
134. Roj: STS 4316. Tribunal Supremo. Sala de lo Social Sección: 1, de 24 de septiembre de 2025, N.º de Recurso: 917/2024, N.º de Resolución: 825/2025. Recurso de casación para la unificación de doctrina. Ponente: JUAN MARTINEZ MOYA.
135. En este sentido la SJS de Burgos, secc. 1, de 31 enero 2022 (Roj: SJSO 727/2022. Juzgado de lo Social. Burgos Sección: 1, de 31 de enero de 2022. N.º de Recurso: 10/2022. N.º de Resolución: 49/2022. Procedimiento: Derecho de conciliación de la vida personal, familiar y laboral reconocidos legal o convencionalmente. Ponente: MARIA ASUNCION PUERTAS IBAÑEZ.

có su propuesta inicial durante el plazo de negociación, tampoco si no abrió el plazo de negociación, ni atendió la petición de la trabajadora, ni le dio respuesta por escrito, ni comunicó a la persona solicitante las razones objetivas en las que basaba su negativa. Recientemente la STSJ Madrid de 16 de octubre de 2025 (Rec.156/2025)[136] añadía que, recuerda cuál ha de ser el procedimiento: «se deben pactar los términos de su ejercicio, acomodándose a criterios y sistemas que garanticen la ausencia de discriminación, tanto directa como indirecta, entre personas trabajadoras de uno y otro sexo, señalando, que en su ausencia, la empresa, ante la solicitud de adaptación de jornada abre un proceso de negociación con la persona trabajadora durante un periodo máximo de 30 días. Finalizado el mismo, la empresa, por escrito, ha de comunicar la aceptación de la petición, plantear una propuesta alternativa que posibilite las necesidades de conciliación de la persona trabajadora o bien manifestar la negativa a su ejercicio, indicando las razones objetivas en las que se sustenta la decisión».

En resumen, a falta de convenio, la ley prevé una negociación individual del trabajador con la empresa, en la que esta puede formular propuestas alternativas o denegar la petición, de ser así, aportando razones objetivas. El control estas justificaciones será vía judicial, cobrando un papel fundamental la jurisprudencia que valorará la razonabilidad como proporcionalidad entre la pretensión de la persona trabajadora y las necesidades de la empresa.

---

136. ROJ: STSJ M 12066/2025, STSJ Madrid, a 16 de octubre de 2025, N.º de Resolución: 730/2025. N.º Recurso: 156/2025 Ponente: MARIA ISABEL SAIZ ARESES.

V. La aplicación de la normativa. Análisis de la reciente jurisprudencia y la perspectiva de género

V.1. La necesaria y obligada aplicación de la perspectiva de género

Arraigada en la tradición, la historia, la cultura y la religión se encuentra una desigualdad que considera a la mujer como subordinada o le atribuyen funciones estereotipadas que perpetúan prácticas que entrañan violencia de género, privándolas del goce efectivo de sus derechos humanos y libertades fundamentales, desigualdad basada tradicionalmente en diferencias biológicas entre mujeres y hombres.

El género, en cambio, es una construcción socio-cultural, con impacto múltiple sobre la distribución de los recursos, la riqueza, el trabajo, la adopción de decisiones, el poder político y el disfrute de los derechos dentro de la familia y en la vida pública, cuya irrupción en el lenguaje internacional del concepto «género» superador del de «sexo» puso de manifiesto que lo que vehiculiza la discriminación no son meros atributos físicos o diferencias biológicas, sino la valoración social que se ha anudado a las mismas, adjudicando subjetividades, formas de comportamiento o roles previamente construidos, diferentes para hombres y mujeres[137]. Por supuesto, el género también influyó en las ciencias jurídicas, en el análisis jurídico.

Como consecuencia, no somos ajenos a las injerencias de los estereotipos, aquellas ilusiones cognitivas irracionales que se ven como verdades absolutas, que asignan una categoría determinada a la persona, estableciendo correlaciones ilusorias y colocando un prejuicio al servicio de esa función irracional. Cuando los estereotipos son de género, éstos se basan en concepciones, creencias y expectativas asignadas a hombres y mujeres, en razón de sus diferentes funciones físicas, biológicas y sexuales, derivados de una construcción social y cultural que justifica la subordinación de lo femenino y que no siempre beneficia a los hombres a los hombres, que se encuentran sometidos a una exigencia social impuesta por roles sexistas.

Sosteniendo las discriminaciones de género se impide o limita el disfrute de los derechos humanos a las mujeres. Quienes juzgan también se exponen a la nocividad de los estereotipos, con el agravante de que pueden elevarlos a la categoría de la justicia, a través de sus resoluciones. Por ello, la estereotipación de género promovida desde la justicia, es otra forma de violencia de género y se ha convertido en una cuestión de derechos humanos[138].

El desafío por alcanzar la igualdad de resultado. Como apunta la magistrada, presidenta de la Sala de lo Social del TSJ de Canarias, Glòria Poyatos Matas «Los estereotipos son inmunes a las leyes, pero quienes operan en el ámbito judicial, no son inmunes a los estereotipos. Por ello, la identificación de los patrones estereotípicos y su visibilización nos permite cuestionar una norma, una práctica o una decisión que esconde, opacada, una discriminación». Prosigue la magistrada señalando que «Los efectos negativos de los estereotipos se incrementan

---

137. POYATOS MATAS, Glòria (2022). Un método manejable para juzgar con perspectiva de género en el orden de lo social. Tesis doctoral. Universidad de Murcia.
138. *Idem.*

cuando traspasan al ámbito institucional, limitando el disfrute de los derechos humanos de las mujeres, mediante prácticas, disposiciones, resoluciones o leyes que perpetúan los roles de género», por ello propone «la incorporación de la perspectiva de género en la actividad judicial ayuda a franquearlos, detectar asimetrías e impactos normativos lesivos de género, para lograr una justicia realmente imparcial»[139].

La perspectiva de género y el enjuiciamiento con enfoque de género son un mandato legal vinculante que emana de un sólido entramado jurídico a nivel internacional, regional y nacional, no una opción discrecional.

La definición de discriminación contra la mujer se describe con precisión en los principios rectores de la Convención sobre la eliminación de todas las formas de discriminación contra la mujer (CEDAW, por sus siglas en inglés) y su implementación en la legislación española es a través de la Ley Orgánica para la Igualdad Efectiva de Mujeres y Hombres (LOIEMH).

A su vez, el Convenio del Consejo de Europa sobre prevención y lucha contra la violencia contra las mujeres y la violencia doméstica firmado en Estambul (2011) ratificado por España en junio de 2014, conocido como convenio de Estambul, establece una definición de violencia contra las mujeres que abarca cualquier acto de violencia basado en el género que cause o pueda causar daños físicos, sexuales, psicológicos o económicos a las mujeres. Esta violencia se entiende como una violación de los derechos humanos y la expresión de relaciones de poder desiguales. Su su normativización en España, de forma parcial, se encuentra en la Ley Orgánica 1/2004, de 28 de diciembre, de Medidas de Protección Integral contra la Violencia de Género (LOPIVG) y en la Ley Orgánica 10/2022, de 6 de septiembre, de garantía integral de la libertad sexual.

Siguiendo las observaciones generales dictadas por los comités de derechos humanos de Naciones Unidas (especialmente la nº 16), y las recomendaciones generales del Comité CE-

---

139. *Idem.*

DAW (especialmente las n° 28, 33 y 35), así como el Convenio de Estambul (art. 5) y recomendaciones del Comité de Ministros a los Estados del Consejo de Europa: Recomendación Rec(2002)5 sobre la protección de las mujeres contra la violencia, Recomendación CM/Rec(2007)17 sobre normas y mecanismos de igualdad entre las mujeres y los hombres, que incluyen la obligación de diligencia debida, dicho mandato es vinculante para todos los poderes de los Estados partes. Las tratados y convenios internacionales una vez ratificados por nuestro país forman parte del ordenamiento jurídico y son guía interpretativa de los derechos fundamentales ex arts. 10.2 y 96.1 CE, formando parte de nuestro derecho también las observaciones y recomendaciones, Por tanto, mediante la obligación de respetar, la de proteger y la de cumplirlo, se concretan las tres acciones que llevan a su acatamiento.

Al ser la estereotipación de género es una forma de discriminación contra las mujeres, los poderes públicos están obligados a no perpetuar esa discriminación mediante posiciones activas, no neutras, al amparo del art. 49.2 del Convenio de Estambul.

En nuestro ordenamiento, la impartición de justicia con perspectiva de género, es una obligación internacional, normativizada internamente en el art. 4 LOIEMH, mandato que pretende dar cumplimiento al principio de diligencia debida por parte del poder legislativo, trasladando al poder judicial, en cumplimiento del art. 9.2 CE y a lo recogido en el art. 15 LOIEMH. El art. 49.2 del Convenio de Estambul que alude a la integración de la perspectiva de género para garantizar «una investigación y un procedimiento efectivos».

Los poderes públicos del Estado, al desatender su responsabilidad en la prevención, sanción y erradicación de dichas violencias, puede dar lugar a la violencia institucional, es decir, a través de sus propias instituciones, es decir, no solo a través de la acción (violencia física, psicológica, sexual, económica…) sino también por omisión. De ahí la importancia la aplicación de la perspectiva de género bajo el principio de diligencia debida.

Por tanto, se hace necesario llevar a las resoluciones judiciales, también en la jurisdicción social, la aplicación del método de la impartición de la justicia con perspectiva de género. Una hermenéutica, vinculante para los órganos judiciales, que exige adoptar un enfoque crítico, holístico y contextualizado del conflicto jurídico ante patrones estereotípicos o situaciones asimétricas de género, como garantía de «protección de los derechos humanos, frente a otros criterios interpretativos tradicionales como la automaticidad o la literalidad[140]».

Es en la aplicación de la normativa laboral en donde habrá que situarse para observar cómo se resuelve en el orden social en la materia que nos ocupa; así, con el uso de un lenguaje judicial libre de estereotipos, respetuoso, no revictimizador e incluyente[141], deberían dictarse estas resoluciones, aunque no siempre es así.

V.2. LA APLICACIÓN DE LA NORMATIVA SOBRE LA ADAPTACIÓN DE LA JORNADA LABORAL Y ANÁLISIS DE LA RECIENTE JURISPRUDENCIA

V.2.1. La aplicación de la normativa sobre la adaptación de la jornada laboral

Es en la aplicación de la extensa normativa donde conviene detenerse y ver la valoración y el enjuiciamiento hecho caso por caso, quedando despejadas las dudas sobre la interpretación de la norma o sobre los conceptos jurídicos indeterminados.

Para ello, habrá que tener en cuenta que la adaptación puede consistir en la reducción del tiempo de trabajo, modificando

---

140. Vid. POYATOS MATAS, Glòria (2022). *Un método manejable para juzgar con perspectiva de género en el orden de lo social*. Op. Cit. y Juzgar con perspectiva de género: una metodología vinculante de justicia equitativa *iQual: revista de género e igualdad*, N.º. 2, 2019, pp. 1-21.
141. *Idem*

la duración de la jornada a través de una reducción de ésta, sin que ello constituyera una modificación de condiciones de trabajo, que estaría prohibido por el art. 12.4 e) LET. También puede consistir en una afectación sobre la distribución y el régimen de jornada, para cumplir la persona trabajadora con sus responsabilidades de conciliación. Por último, también puede basarse en la prestación de servicios mediante la modalidad de trabajo a distancia, regulado en la Ley 10/2021, de 9 de julio, de trabajo a distancia.

A su vez, hay que tener presente que, es un derecho individual de cada persona trabajadora, cuya concesión dependerá de que la adaptación solicitada sea razonable y proporcionada, teniendo en cuenta las necesidades de la persona trabajadora y las necesidades organizativas o productivas de la empresa, según recoge el art. 34.8 LET. A esa razonabilidad y la proporcionalidad de la solicitud, habrá que unir que, no se trata de un derecho absoluto, sino de un derecho «a solicitar», dentro de los derechos de conciliación de la vida laboral y familiar, debiendo la empresa motivadamente justificar su denegación. Por tanto, es un derecho personalísimo de la persona trabajadora, pero debiéndose ponderar las circunstancias concurrentes[142]. De ahí la necesidad de detenerse en la aplicación de la norma, ya que estamos ante conceptos jurídicos indeterminados, tales como los requisitos de razonabilidad y proporcionalidad, que obligan a detenerse caso a caso, haciendo imprescindible atenerse a criterios de legalidad en relación también con derechos constitucionales, como el derecho a la no discriminación por razón de sexo (art. 14 CE) o el derecho a la protección de la familia (art. 39 CE), entre otros, con una importante doctrina judicial, que considera prevalentes algunos derechos sobre otros, como es el caso el cui-

---

142. Roj: STSJ GAL 6686/2020 STSJ de Galicia, Sala de lo Social (A Coruña), de 6 de noviembre de 2020, N.º de Resolución: 4497/2020. Rec. n.º 2046/2020, Ponente: PILAR YEBRA-PIMENTEL VILAR.

dado de los hijos menores o la protección de la familia y de la infancia, sobre el poder de organización de la empresa[143].

Como ya se ha reseñado, en el ámbito internacional, habrá que tener en cuenta no sólo la abundante regulación mencionada, sino también que, lo acordado en la Convención sobre la eliminación de todas las formas de discriminación contra la mujer (CEDAW), igualmente de obligado cumplimiento. Aprobada el 18 de diciembre de 1979, por la Asamblea General de las Naciones Unidas, fue ratificada por España en 1983, por lo que, al amparo del art. 96 de la CE, forma parte de nuestro ordenamiento jurídico interno, así como sus Recomendaciones y decisiones son vinculantes para los tribunales y demás poderes públicos españoles ex art. 96 CE. En concreto, la referencia contenida en el artículo 15.2 in fine, en la que se impone la obligación de dispensar igualdad de trato a hombres y mujeres en todas las etapas del procedimiento judicial y, en particular, el art. 11 relativo a la prohibición de discriminación en el trabajo y la protección social, hacen mención específica al orden social de la jurisdicción. Además, debe indicarse que, el Comité de la CEDAW impulsa el *principio de diligencia debida* de los Estados en la acción de garantía efectiva de la igualdad de género y en él se apoyan los tribunales para integrar la perspectiva de género en la función jurisdiccional. Especial mención merecen la Recomendación general núm. 28, de 16 de diciembre de 2010, relativa a las obligaciones básicas de los Estados Partes, en virtud del artículo 2 de la Convención, así como la Recomendación General núm. 33 del Comité de la CEDAW, de 3 de agosto de 2015, sobre el acceso de las mujeres a la justicia, que subraya la importancia de asegurar que, los profesionales del sistema de justicia tramiten los casos, teniendo en cuenta las

---

143. Roj: STSJ CANT 1171/2023, Sala de lo Social (Santander), de 5 de diciembre de 2023 N.º de Recurso: 757/2023. N.º de Resolución: 826/2023. Procedimiento: Recurso de suplicación Ponente: ELENA PEREZ PEREZ.

cuestiones de género, con el fin de garantizar la buena calidad de los sistemas de justicia[144].

Y es que, la integración de la dimensión de género en la actividad de los poderes públicos, también el judicial, no constituye una opción o buena práctica, sino un auténtico mandato legal imperativo, derivado tanto de la legislación nacional como de los compromisos internacionales asumidos por nuestro país. Este principio se configura como un parámetro resolutorio vinculante para el Poder Judicial, en virtud de su sometimiento al imperio de la ley (art. 117 CE)[145], de conformidad a lo establecido en los artículos 9.2, 10.2, 14 y 96.1 CE, en relación con los artículos 4 y 15 de Ley Orgánica 3/2007, para la igualdad efectiva de mujeres y hombres, así como los artículos 4 bis y 5 de la Ley Orgánica del Poder Judicial, que deberá aplicar para contribuir a erradicar las discriminaciones por razón de sexo y género, con el fin de garantizar el derecho fundamental a la igualdad[146].

En consecuencia, el principio o canon hermenéutico de perspectiva de género y su aplicación particular en la rama de lo social supone la transversalización (real) del principio de igualdad (*gender mainstreaming*), tal y como preceptúa el art. 4 de la Ley Orgánica 3/2007 al establecer que «la igualdad de trato y de oportunidades entre mujeres y hombres es un principio informador del ordenamiento jurídico y, como tal, se inte-

---

144. *Vid.* POYATOS I MATAS, Glòria (2022). *Juzgar con perspectiva de género en el orden social*, Aranzadi, Navarra, 2022 y POYATOS I MATAS, Gloria (2019) Juzgar con perspectiva de género: una metodología vinculante de justicia equitativa, *iQual. Revista De Género e Igualdad*, núm.2, 2019, pp. 7 y 8.
145. JIMÉNEZ HIDALGO, Adoración (2019). Juzgar con perspectiva de género en la jurisdicción de lo Social. ¿Es necesaria una reforma legislativa?, *Revista de la Comisión de lo social de Juezas y Jueces para la Democracia*, núm. 197, 2019, p. 33; LOUSADA AROCHENA, Fernando (2014). *El derecho fundamental a la igualdad efectiva de mujeres y hombres*, Tirant Lo Blanch, Valencia, 2014.
146. MOLINA NAVARRETE, Cristóbal (2020) *La doctrina jurisprudencial por discriminación de género en el orden social*, Wolters Kluwer, Madrid, 2020, pp. 30 y ss.

grará y observará en la interpretación y aplicación de las normas jurídicas». En consecuencia, juzgar con perspectiva de género supone aplicar el Derecho con equidad de género, constituyendo así «una metodología de análisis de la cuestión litigiosa, que debe desplegarse en aquellos casos en los que se involucren relaciones de poder asimétricas o patrones estereotípicos de género y exige la integración del principio de igualdad en la interpretación y aplicación del ordenamiento jurídico, en la búsqueda de soluciones equitativas ante situaciones desiguales de género[147]. No sólo es una obligación del poder judicial, sino que la Ley Orgánica 3/2007, de 22 de marzo, para la igualdad efectiva de mujeres y hombres (LOIEMH) compromete al conjunto de poderes públicos en virtud de la transversalidad del principio de igualdad de trato entre mujeres y hombres (art. 15) y de una serie de criterios de actuación (art. 14).

V.2.2. Análisis de la jurisprudencia

Toda vez que se han revelado las pautas de interpretación de la norma, lo procedente es analizar la reciente jurisprudencia. Es ésta la que entra a valorar la aplicación del art 34.8 de la LET, que establece el derecho a solicitar la adaptación de la jornada laboral por conciliación familiar, al no ser éste un derecho absoluto, pudiéndolo denegar la parte empresarial, previa justificación, en base a los principios jurídicos indeterminados de razonabilidad y proporcionalidad. Es por ello por lo que, ante algunos supuestos, se ha considerado conveniente, en la jurisdicción social, la elaboración de una serie de criterios de interpretación de la norma. Pero antes convendría hacer un recorrido por las bases asentadas, mediante sus pronunciamientos, por el Tribunal Constitucional.

---

147. POYATOS I MATAS, Gloria (2019) Juzgar con perspectiva de género: una metodología vinculante de justicia equitativa. *Op. Cit.*

Desde la STC 34/1984[148], en la que se cita la STC 59/1982, de 28 de julio, la doctrina constitucional parte de la premisa de que «para afirmar que una situación de desigualdad de hecho no imputable directamente a la norma ...] tiene relevancia jurídica, es menester demostrar que existe un principio jurídico del que deriva la necesidad de igualdad de trato entre los desigualmente tratados», y que esta regla o criterio igualatorio puede ser sancionado directamente por la Constitución (por ejemplo, por vía negativa, a través de las interdicciones concretas que se señalan en el artículo 14), arrancar de la Ley o de una norma escrita de inferior rango, de la costumbre o de los principios generales del derecho», para sostener de forma indubitada que ese principio no se da cuando la diferencia de trato, en el ámbito jurídico laboral, no procede de una norma laboral o convencional, al sostener que «la legislación laboral, desarrollando y aplicando el artículo 14 de la Constitución, ha establecido en el artículo 4.2,c), del Estatuto de los Trabajadores y en el 17 de igual norma la prohibición de discriminación entre trabajadores por una serie de factores que cita, pero, según general opinión, no ha ordenado la existencia de una igualdad de trato en el sentido absoluto», lo que se debe al reconocimiento en esta rama jurídica del «principio de autonomía de la voluntad, que, si bien aparece fuertemente limitado en el Derecho del Trabajo, por virtud, entre otros factores, precisamente del principio de igualdad, no desaparece, dejando un margen en que el acuerdo privado o la decisión unilateral del empresario en ejercicio de sus poderes de organización de la Empresa, puede libremente disponer la retribución del trabajador respetando los mínimos legales o convencionales». En idéntico sentido, entre otras, STC 161/1991, de 18 de julio, la STC 34/2004, de 8 de marzo o la STC 36/2011, de 28 de marzo[149].

---

148. TC Sala Segunda. Recurso de amparo número 539/1983. Sentencia número 34/1984, de 9 de marzo. BOE núm. 80, de 3 de abril de 1984, pp. 16 a 17.
149. Fundamentación que recoge, al plantearse si cabe preguntarse si la diferencia de trato basada en una decisión unilateral del empresario es susceptible

Ya acercándonos a la materia que nos ocupa, el TC en 2007, mediante sentencia de 15 de enero de 2007[150] se pronunció argumentando que «no resulta cuestionable la posibilidad de una afectación del derecho a la no discriminación por razón de sexo como consecuencia de decisiones contrarias al ejercicio del derecho de la mujer trabajadora a la reducción de su jornada por guarda legal, o indebidamente restrictiva del mismo» prevaleciendo « la dimensión constitucional de la medida contemplada en los apartados 5 y 6 del artículo 37 del ET y, en general, la de todas aquellas medidas tendentes a facilitar la compatibilidad de la vida laboral y familiar de los trabajadores, tanto desde la perspectiva del derecho a la no discriminación por razón de sexo (artículo 14 de la C.E.) de las mujeres trabajadoras como desde la del mandato de protección a la familia y a la infancia (artículo 39 de la C.E.)»

Años más tarde, Tribunal Constitucional en su Sentencia 26/2011 de 14 de Marzo, determinó que se producía una discriminación por razón de sexo (art.14 CE), además de por razón de situaciones familiares, tanto desde perspectiva del derecho a la no discriminación por razón de sexo o por razón de las circunstancias personales (art.14 CE) como desde el mandato de protección a la familia y a la infancia (art. 39 CE), al prevalecer y servir de orientación para la solución de cualquier duda interpretativa en casa caso concreto aquel derecho, habida cuenta

---

de ser enjuiciada desde la perspectiva de la igualdad, en SAN Madrid 428/2025. Sala de lo Social. Sección: 1 de 20 de octubre de 2025. N.º de Recurso: 217/2025. N.º de Resolución: 141/2025 Procedimiento: Conflicto colectivo Ponente: JUAN GIL PLANA

150. TC. Sala Primera. Sentencia 3/2007, de 15 de enero de 2007. Recurso de amparo 6715-2003. Promovido por doña Raquel García Mateos frente a la Sentencia de un Juzgado de lo Social de Madrid que desestimó su demanda contra Alcampo, S. A., sobre reducción de jornada por guarda de hijo menor. Vulneración del derecho a no ser discriminada por razón del sexo: denegación a trabajadora del derecho a reducción de jornada por guarda legal de hijo menor de seis años interpretando la ley sin ponderar el derecho fundamental. BOE núm. 40, de 15 de febrero de 2007, pp. 13 a 19.

de que el efectivo logro de la conciliación laboral y familiar constituye una finalidad de relevancia constitucional fomentada en nuestro ordenamiento a partir de la Ley 39/1999, de 5 de noviembre, objetivo que se ha visto reforzado por las disposiciones legislativas ulteriores, entre las que se cabe especialmente destacar las previstas en la Ley orgánica 3/2007, de 22 de marzo, para la igualdad efectiva de mujeres y hombres. A su vez, señala que, como consecuencia de la clara conculcación de los derechos fundamentales de la trabajadora procedía el establecimiento de una indemnización por daños morales[151].

Fue claro el TC y eso, teniendo en cuenta que, en la fecha de la redacción de aquella sentencia todavía se carecía de la abundante normativa que en la actualidad compromete al poder judicial en la aplicación de la perspectiva de género.

V.2.3. La jurisdicción social

V.2.3.1. *Los primeros pronunciamientos de Tribunal Supremo, sala Cuarta, con perspectiva de género y materias más frecuentes sobre las que versan esas resoluciones*

Nuestro Tribunal Supremo, a pesar de la numerosa normativa y las indicaciones del Tribunal Constitucional, no se pronunció con perspectiva de género en ninguna de sus salas hasta

---

151. TC Sala Primera. Sentencia 26/2011, de 14 de marzo de 2011. Recurso de amparo 9145-2009. Promovido por don Germán Higelmo Pérez respecto al Auto del Tribunal Supremo y a las Sentencias del Tribunal Superior de Justicia de Castilla y León y de un Juzgado de lo Social de Palencia que le denegaron el derecho a realizar su jornada laboral en horario nocturno por guarda de un hijo. Vulneración del derecho a no ser discriminado por las circunstancias familiares: denegación de asignación de horario nocturno que no analiza su necesidad para conseguir un reparto equilibrado de las responsabilidades familiares ni cuáles fueran las dificultades organizativas que el reconocimiento del horario solicitado pudiera ocasionar al centro de trabajo. Voto particular formulado por *el Magistrado don Pablo Pérez Tremps*. BOE núm. 86, de 11 de abril de 2011, pp. 64 a 77.

2009, precisamente con una resolución de la Sala Cuarta, de lo social, en concreto la STS de 21 diciembre 2009 (Rec. 201/2009)[152]. A ella le han seguido un considerable número de sentencia en esta Sala. Lamentablemente su aplicación en el resto de las Salas es dispar. Es, pues, en el orden jurisdiccional social donde la jurisprudencia se ha adentrado en la aplicación específica del criterio interpretativo en cuestión, el cual se aplica en congruencia con la nota de transversalidad del principio de igualdad que consagra e impone a todos los poderes públicos el art.15 LOIEMH.

Las principales materias y situaciones en las que la Sala de lo Social del TS ha plasmado su doctrina más explícita sobre el criterio hermenéutico de obligado cumplimiento, son las siguientes:

Las resoluciones acerca de los casos demandados por las mujeres pensionistas del extinto régimen de Seguro Obligatorio de Vejez e Invalidez (SOVI), a las que se negaba el derecho a cotización ficticia por parto (112 días, Disp. Ad. 44ª LGSS) que había introducido la LOIEMH. Acudiendo al concepto de *gender mainstreaming*, la ya mencionada STS de 21 diciembre 2009 (Rec. 201/2009) declaró que debía excluirse una interpretación literal de esa norma y, en cambio, aplicar al SOVI el beneficio que en ella se establecía, aun cuando se tratara de mujeres que habían cotizado a un sistema de protección social anterior a la instauración de la Seguridad Social. La sentencia pone de relieve que las pensiones SOVI están abrumadoramente feminizadas y, por ello, una interpretación literal del precepto —que lleve a entender que sólo se incluyen las pensiones del Sistema de Seguridad Social posterior al SOVI— podría generar un impacto de género negativo (discriminación indirecta).

Otra materia, que ocupa a diferentes resoluciones, está relacionada con las brechas retributivas en detrimento de las traba-

---

152. Roj: STS 8449/2009. Tribunal Supremo. Sala de lo Social. Sección: 1 de 21 de diciembre de 2009 N.º de Recurso: 201/2009. Ponente: MARIA LOURDES ARASTEY SAHUN.

jadoras. En la STS, Sala Cuarta de 10 enero 2017 (rec. 283/2015), se destaca el hecho indiscutiblemente notorio del que en nuestro país siga siendo absolutamente mayoritario el uso de los permisos de conciliación por parte de las mujeres. De ahí que, aun si se afirmara la neutralidad medidas afectantes al cálculo de incentivos u otros complementos salariales, la discriminación femenina se produciría por vía indirecta, por ser las mujeres las perjudicadas en un número mucho mayor que los hombres si no se hace excepción de los tales permisos.

También se ha pronunciado con perspectiva de género la Sala Cuarta al resolver sobre el acceso a la pensión de viudedad y la violencia de género. La STS de 14 octubre 2020 (rcud. 2753/2018), aborda el supuesto de la solicitud de pensión de viudedad de quien había sido pareja de hecho del trabajador fallecido más ya no convivía en el momento del óbito. Constaba que, tras el cese de la convivencia, se había seguido causa penal contra el causante a denuncia de la actora, la cual había sido atendida en programa de atención a la mujer como víctima de violencia. O al tratar asuntos en los que resuelve considerando el parto desde la óptica de la contingencia, de tal modo que la STS de 2 julio 2020 (rcud. 201/2018), por poner un ejemplo, da respuesta a un supuesto en que se suscita a cuestión de la calificación que merece, desde la óptica de seguridad social, las lesiones o secuelas producidas en el desarrollo parto de una trabajadora que, a consecuencia de ellas, ve disminuida su capacidad laboral.

Otro asunto común a diversas resoluciones por el que el Tribunal Supremo en su Sala de lo Social ha tenido la oportunidad de pronunciarse con perspectiva de género es sobre el alcance de los planes de igualdad. En la STS de 13 noviembre 2019 (rec. 75/2018) - se resuelve el conflicto colectivo planteado por los trabajadores de una empresa de trabajo temporal que reclamaban la aplicación de las medidas contenidas en el plan de igualdad de la empresa usuaria.

Por supuesto, llegando al tema que nos ocupa, al tratar el impacto de la conciliación familiar, la doctrina sentada por el TS en materia de conciliación de la vida familiar y laboral es abundante. Las resoluciones que versan sobre esta cuestión, no sólo no pueden quedar al margen de una interpretación conforme con el postulado del art.4 LOIEMH, sino que resulta especialmente sensible a ello, dado el riesgo de que los derechos que se incluyen en esta materia (de contornos inespecíficos) se desarrollen, en la práctica, con carácter netamente feminizado. Así, la STS de 10 enero 2017 (rcud. 283/2015)[153] ponía de relieve que la consecución de la igualdad efectiva, tal y como persigue la LOIEMH (que también se plasmaba ya en la Exposición de Motivos de la Ley 39/1999), pasa, no sólo por el reconocimiento de derechos de maternidad en sentido estricto, sino por la eficaz implantación de instrumentos de equiparación en el ámbito de la vida familiar, como reequilibrio de la desigualdad histórica. A su vez, la STS, sala cuarta, de 10 marzo 2020 (rec. 221/2018)[154] recuerda que, para cumplir con el objetivo de alcanzar la igualdad real y efectiva de mujeres y hombres, la utilización de las medidas de corresponsabilidad debe hacerse facilitando que los hombres hagan uso de los derechos de conciliación de la vida familiar.

V.2.3.2. *Reciente jurisprudencia del orden social*

El Alto Tribunal, en STS de 25 de mayo de 2023 (Rec. n.º. 1602/2020)[155], al resolver el Alto tribunal un recurso de casación para la unificación de la doctrina, se recuerda la dimensión constitucional de las medidas normativas dirigidas a la conciliación de la vida laboral y familiar de las personas traba-

---

153. Roj: STS 84/2017. Tribunal Supremo. Sala de lo Social. Sección: 1, de 10 de enero de 2017. . N.º Rec: 283/2015. N.º de Resolución:10/2017. Ponente: MARIA LOURDES ARASTEY SAHUN.
154. Roj: STS 2045/2020 Tribunal Supremo. Sala de lo Social. Sección: 1 de 10 de marzo de 2020. N.º de Recurso: 221/2018 N.º de Resolución: 224/2020. Ponente: MARIA LOURDES ARASTEY SAHUN
155. Roj: STS 2433/2023, Sala de lo Social, de 25 de mayo de 2023. N.º de Recurso: 1602/2020. N.º de Resolución: 379/2023. Recurso de casación para la unificación de doctrina. Ponente: MARIA LUZ GARCIA PAREDES.

jadoras, bien desde la perspectiva de la no discriminación por razón de sexo o por circunstancias personales, así como desde la protección a la familia e infancia, que proclama la CE, por lo que, como recoge esta resolución, «a la hora de proceder a la interpretación de las mismas deben tenerse presente esos derechos fundamentales. Para ello han de ponderarse todas las circunstancias concurrentes para poder justificar los intereses en juego, tal y como indica el citado art. 37.7 del ET y el art 139 de la LRJS cuando dispone que las discrepancias entre empresa y trabajador deberán solventarse llevando al proceso judicial «las propuestas y alternativas de concreción...». A su vez, la STS de 21 de noviembre de 2023 (Rec. n.º. 3576/2020)[156], ante una solicitud de reducción de jornada por guarda legal, con concreción horaria para prestar servicios solo en turno de mañana, cuando la jornada habitual era en turnos alternos de mañana y tarde, sobre la posibilidad de solicitar la adaptación de su jornada de trabajo en los términos previstos en el artículo 34.8 ET recuerda que «... en el ámbito aplicativo de dicho precepto la Sala ha admitido la conversión en jornada continuada de la que no lo es (STS 661/2017, de 24 de julio, Rec. 245/2016); la modificación del horario de trabajo (STS de 13 de junio de 2008, Rec. 897/2007); o, el horario flexible a la entrada y la salida del trabajo (STS 454/2016, de 31 de mayo, Rec. 121/2015) ...».

Tras lo expuesto acerca de la diligencia debida de los poderes públicos para no perpetuar y añadir discriminaciones, además de interpretar los principios jurídicos indeterminados, el Tribunal Supremo ha de hacer uso de la herramienta de la perspectiva de género, en la interpretación y aplicación del régimen retributivo, para evitar posibles situaciones de discriminación indirecta sobre las mujeres, principales solicitantes de medidas de conciliación de la vida laboral y familiar.

---

156. Roj: STS 5045/2023. Sala de lo Social, de 21 de noviembre de 2023. N.º de Recurso: 3576/2020. N.º de Resolución: 983/2023. Procedimiento: Recurso de casación para la unificación de doctrina. Ponente: ANGEL ANTONIO BLASCO PELLICER.

Al objeto de afianzar la argumentación, entiendo es conveniente traer una selección de sentencias, a pesar de, alguna de ellas, resolver sobre cuestiones diferentes a la adaptación de jornada, como muestra de la aplicación reciente en el orden social de la perspectiva de género, para continuar con la reciente jurisprudencia que aplica la perspectiva de género, en la interpretación del derecho de las personas trabajadoras a solicitar la adaptación de su jornada, para hacer efectivo el derecho a la conciliación de la vida familiar y laboral. Sirvan de ejemplo las siguientes resoluciones de la Sala de lo social de TS.

Se viene aplicando la perspectiva de género, generalmente con rigor, mereciendo mencionarse por su fundamentación, en la reciente jurisprudencia de la Sala Cuarta del Tribunal Supremo (sirviendo de prototipo la STS 4335/2025, de 29 de septiembre, Rec.: 2756/2024, Ponente Isabel Olmos Pares)[157]. En la STS 4335/2025, de 29 de septiembre se incluye la violencia económica por impago de pensiones de alimentos (apuntando que en ningún momento se podrá exigir a la mujer que demuestre que es un crédito incobrable en cuanto al impago de las pensiones de alimentos), esta vez al objeto de la estimación o no o el cálculo del subsidio de desempleo, recordando que las resoluciones judiciales no pueden desconocer la dimensión de género[158].

---

157. Roj: STS 4335/2025 Sala de lo Social, de 29 de septiembre de 2025 N.º de Recurso: 2756/2024 N.º de Resolución: 832/2025 Procedimiento: Recurso de casación para la unificación de doctrina Ponente: ISABEL OLMOS PARES.

158. No hay que olvidar que, como apunta el magistrado de la Sala Segunda del Tribunal Supremo, Magro Servet: «La violencia económica se puede manifestar dentro o fuera de la relación de pareja. Fuera de ella mediante el delito de impago de pensiones o de las cuotas hipotecarias, y deudas adquiridas durante la relación de pareja que se deja de pagar, y dentro mediante el control de las cuentas económicas, la negativa a facilitar recursos económicos a la víctima mujer, o a supeditarlo a órdenes del autor, la exigencia de que no acceda al mercado laboral para no tener independencia económica, la no disponibilidad del propio sueldo de la mujer que se ingresa en una cuenta exclusiva del autor, la realización de un trabajo en empresa del autor sin remuneración alguna, o la imposición de exigencias de trabajo en el hogar para imposibilitar un horario que le permita tener un puesto de trabajo, así como la negativa a dejar que la

Así, la Sala Cuarta del TS, en la sentencia de 14 de enero de 2025 (Rec. 1038/2023)[159] expone que resulta imperativa la interpretación con perspectiva de género del art. 37.6, en relación con el art. 26.3 del ET y el convenio colectivo que regula el régimen retributivo aplicable en los supuestos de reducción de jornada, a los efectos de poder dilucidar los posibles efectos discriminatorios asociados a la reducción proporcional del complemento de turnicidad[160]. Se apoya la Sala en la doctrina jurisprudencial establecida en la STS 1028/2024, de 17 de julio (Rec. 851/2022), concordante con la STS 795/2022, de 4 de octubre (Rec. 574/2019)[161], que considera contraria al principio de igualdad la práctica empresarial consistente en abonar, de forma proporcional a la jornada, determinados complementos salariales no vinculados al tiempo efectivo de trabajo. En la STS 1028/2024 se aplica la perspectiva de género, al tener en cuenta

---

mujer acepte un puesto de trabajo para mantener la dependencia económica de esta al hombre». *Vid.* MAGRO SERVET, Vicente (2025) Decálogos sobre la violencia económica y vicaria en el contexto de la perspectiva de género. El nuevo art. 173 bis CP sobre violencia vicaria. *Diario LA LEY, N.º 10819, Sección Doctrina,* 3 de noviembre de 2025.

159. Roj: STS 175/2025. Sala de lo Social, de 14 de enero de 2025. N.º de Recurso: 1038/2023. N.º de Resolución: 4/2025. Procedimiento: Recurso de casación para la unificación de doctrina.. Ponente: JUAN MOLINS GARCIA-ATANCE.

160. Así, en el Fundamento de Derecho Cuarto, apartado 3 de la STS, Sala de lo Social, de 14 de enero de 2025, se recoge que «La interpretación con perspectiva de género del art. 37.6 en relación con el art. 26.3 del ET obliga a concluir que una trabajadora que presta servicios en turnos de mañana, tarde y noche y que, por razones de guarda legal con cuidado de un menor de 12 años, pasa a prestar servicios con reducción de jornada por guarda legal pero continúa con los mismos turnos rotativos, tiene derecho a percibir en su integridad el plus de turnicidad».

161. Roj: STS 3548/2022. Sala de lo Social, de 4 de octubre de 2022. N.º de Recurso: 574/2019. N.º de Resolución: 795/2022 Procedimiento: Recurso de casación para la unificación de doctrina Ponente: IGNACIO GARCIA-PERROTE ESCARTIN: Conflicto colectivo. Resuelve la cuestión planteada sobre si, en caso de reducción de jornada por guarda legal (37.6 ET), procede aplicar la disminución proporcional del complemento salarial de asistencia y puntualidad a los trabajadores acogidos a la reducción, aplicando la perspectiva de género.

que el supuesto a enjuiciar está dentro de un «colectivo mayormente afectado por la reducción de jornada por guarda legal de menores de 12 años, es el de las mujeres»[162].

En el mismo sentido se pronuncia la Sala Cuarta del TS en Sentencia 813/2025 de 23 de septiembre de 2025[163], en el caso del conflicto colectivo promovido por la Federación de Servicios Públicos de UGT, al que se adhirieron CCOO, USO y CSPA, frente a las empresas AENA SME S.A., AENA SCAIRM S.A. y ENAIRE, por la aplicación de los artículos 83 y 133 del I Convenio Colectivo del Grupo AENA, que regulan respectivamente la disminución de jornada por guarda legal, así como el incentivo por cumplimiento de jornada. La Audiencia Nacional, en sentencia de 10 de julio de 2023 (N.º. Autos 129/2023)[164], estimó íntegramente la demanda al entender que, el incentivo de cumplimiento de jornada, creado para fomentar la reducción del absentismo, se devenga en atención exclusiva a la asistencia efectiva al trabajo y no a la cantidad de horas trabajadas. La Sala de lo Social del Tribunal Supremo, confirma este criterio, desestima el recurso interpuesto por la empresa y ratifica el derecho a percibir íntegro el plus, refundiendo esta misma doctrina de las SSTS 681/2025, de 2 de julio, (Rec.1019/2024)[165];

---

162. Sentencia que resuelve un conflicto colectivo en el que se dirime sobre el incentivo anual para reducir el absentismo, con abono a personal de la empresa, que se encuentra en situación de reducción de jornada por guarda legal. Roj: STS 4246/2024, Sala de lo Social, de 17 de julio de 2024. N.º de Recurso: 851/2022. N.º de Resolución: 1028/2024. Procedimiento: Auto de aclaración Ponente: MARIA LUZ GARCIA PAREDES.
163. Roj: STS 4135/2025, Sala de lo Social, de 23 de septiembre de 2025. N.º de Recurso: 259/2023. N.º de Resolución: 813/2025. Procedimiento: Recurso de casación. Ponente: SEBASTIAN MORALO GALLEGO.
164. ROJ: SAN 4061/2023 ECLI:ES:AN:2023:4061, SAN, a 10 de julio de 2023 N° de Resolución: 90/2023; N° Recurso: 129/2023. Ponente: ANA SANCHO ARANZASTI.
165. Roj: STS 3343/2025, Sala de lo Social, de 2 de julio de 2025. N.º de Recurso: 1019/2024. N.º de Resolución: 681/2025. Procedimiento: Auto de aclaración. Ponente: JUAN MANUEL SAN CRISTOBAL VILLANUEVA: EPSOL PETRÓLEO

588/2025, de 12 de junio, (Rec. 3892/2023)[166], y las que en ellas se citan.

Así, por su parte, igual que en esta última sentencia mencionada del TS, la Audiencia Nacional expone que «cualquier duda interpretativa que pueda surgir debe resolverse efectuando un enjuiciamiento con perspectiva de género, teniendo el carácter informador del Ordenamiento Jurídico del principio de igualdad de trato y oportunidades entre mujeres y hombres conforme proclama el art. 4 de la LO 3/2.007, de forma que dicha igualdad sea verdaderamente efectiva»[167].

Y con perspectiva de género se resuelve también por la Sala Cuarta del TS, en sentencia de 16 de junio de 2025 (Rec. n°.394/2025), al aludir a las circunstancias que llevan a la persona trabajadora a solicitar el derecho a conciliar, sin extender estas circunstancias a las de su entorno familiar o personal, señalando que: «La empresa no invoca una sola razón objetiva para poder entender que la desvinculación de la actora al régimen de turnicidad, resulte medianamente justificada…», «…solo

---

SA. El plus de turnicidad y reducción de jornada para el cuidado de hijo, se tiene derecho a su cobro completo, sin reducción proporcional.

166. Roj: STS 3013/202, Sala de lo Social, de 12 de junio de 2025. N.º de Recurso: 3892/2023. N.º de Resolución: 588/2025. Procedimiento: Recurso de casación para la unificación de doctrina. Ponente: IGNACIO GARCIA-PERROTE ESCARTIN: Plus de turnicidad: cuantía en caso de reducción de jornada del 50% por razones de guarda legal con cuidado directo de un menor de 12 años, cuando la trabajadora sigue prestando servicios en turnos de mañana, tarde y noche. Perspectiva de género: En esta resolución se interpreta la norma con perspectiva de género, no sólo en aplicación del art. 15 de la Ley 3/2007, de 22 de marzo, sino también en aplicación de «El art. 4 de la Ley Orgánica 3/2007, de 22 de marzo, para la igualdad efectiva de mujeres y hombres, regula el que suele identificarse como principio o canon hermenéutico de perspectiva de género: "La igualdad de trato y de oportunidades entre mujeres y hombres es un principio informador del ordenamiento jurídico y, como tal, se integrará y observará en la interpretación y aplicación de las normas jurídicas"».

167. *Vid.* PEREZ GUERRERO, María Luisa (2025) *Conciliación en la vida personal, familiar y laboral y de corresponsabilidad familiar. Guía de recomendaciones y buenas prácticas para la negociación colectiva andaluza.* Ed. Consejo Andaluz de Relaciones Laborales, p. 41.

invoca una mera conveniencia, una genérica protección de los intereses de otras personas, seis, según parece, que podrían ver comprometidos unos hipotéticamente existentes derechos de conciliación. Nos llama poderosamente la atención que, dentro de las opciones que se ofrecen a la trabajadora, la empresa sea tan sensible a lo que parece ser su situación familiar, ocupándose de manera pormenorizada de la medida en la que el menor pudiera ser cuidado o atendido por el otro progenitor. Da la sensación de que, más que justificar las razones objetivas que concurren para denegar la petición de concreción, la demandada se está planteando la forma en la que debiera articularse la relación del menor con sus dos progenitores, sugiriendo una fórmula de cuidado que, desde luego, no le incumbe.»

Lo relevante de la siguiente resolución del TS en STS de 24 de septiembre de 2025 (Rec. 917/2024)[168], es que la Sala de lo Social, en recurso de casación para la unificación de la doctrina, no sólo se enfoca en la obligación de negociar de la empresa, estableciendo un efecto automático ante una falta de negociación, que exige el reconocimiento de lo solicitado por la persona trabajadora, sino que pasa por alto la situación laboral del entorno familiar, entendiendo que prima el derecho de conciliación de la vida laboral y familiar de la trabajadora, con independencia de las circunstancias laborales del otro progenitor. De igual modo, ante la existencia de una situación de discapacidad, recalca la sentencia que, ante el procedimiento previsto en el art. 34.8 ET, la empresa debe adoptar un papel claramente proactivo (en caso contrario, estará incurriendo en una situación de discriminación (art 63 Ley General de derechos de las personas con discapacidad y de su inclusión social),

---

168. Roj: STS 4316/2025. Sala de lo Social, de 24 de septiembre de 2025. N.º de Recurso: 917/2024. N.º de Resolución: 825/2025. Procedimiento: Recurso de casación para la unificación de doctrina. Ponente: JUAN MARTINEZ MOYA. Resuelve sobre adaptación de jornada, con fundamento en el art. 34.8 ET (Real Decreto-ley 6/2019, de 1 de marzo), en defecto de negociación colectiva, así como las consecuencias del incumplimiento empresarial por inexistencia de apertura del procedimiento negociador.

sin olvidar que la denegación empresarial (no la mera pasivi-
dad) de los ajustes razonables, también describe un acto discriminatorio (*ex* párrafo 2° del art. 6.1.a Ley 15/2022).

V.2.3.3. Disparidad de resoluciones dependiendo o no de la aplicación de la perspectiva de género

Son abundantes las sentencias que aplican perspectiva de
género en la materia que nos ocupa, pero, lamentablemente, no
siempre sucede así, algunas resoluciones se esmeran en exten-
derse y exponer pautas para su aplicación, sirviendo de referencia.

De este modo, un patrón se podría encontrar, en la STSJ Galicia de 18 de enero de 2024 (Rec. n.º. 4378/23)[169] que enumera
una serie de criterios para la resolución (en los que merece la
pena detenerse), en los supuestos en que se invoque el artículo
34.8 LET. Entre los criterios que esta resolución muestra se encuentra el entender que los intereses en conflicto no son equi-
valentes, sino que los derechos de conciliación tienen prevalencia; que se hace necesaria una valoración individualizada de la
situación, según las exigencias de la buena fe; y que no se ha
de entrar a valorar la organización de la familia, entre otros ra-
zonamientos:

> «*1° Consideración superior del derecho de la persona trabajado-
> ra frente a los intereses empresariales. Los legítimos intereses en
> conflicto no son equivalentes, sino que los derechos de conciliación
> tienen prevalencia, dada su vinculación directa con otros derechos
> constitucionalmente protegidos.*
>
> *2°. Valoración individualizada de la situación según las exigen-
> cias de la buena fe, atendiendo en particular a la conducta de las
> partes en conflicto. Las exigencias de buena fe en la negociación*

---

169. Roj: STSJ GAL 739/2024. Sala de lo Social Coruña (A), Sección: 1, de 18 de
enero de 2024. N.º. de Rec. 4378/2023 N.º. de Resolución: 244/2024. Ponente:
JOSE FERNANDO LOUSADA AROCHENA.

previa al juicio obligan a lo siguiente: la persona trabajadora debe motivar adecuadamente la solicitud de adaptación aportando si lo considera necesario, o si así se le solicita, las oportunas justificaciones; la empresa debe tomarse en serio esa solicitud, motivando las razones determinantes de la negativa al ejercicio del derecho y ambas partes deben negociar de buena fe para la obtención de un acuerdo donde a la vez se consiga la mejor satisfacción posible de los distintos intereses atendiendo a las circunstancias del caso concreto, lo cual, según se desarrolle la negociación, obliga a realizar mutuas propuestas y contrapropuestas. Así las cosas, la ausencia de contrapropuesta de la empresa, o la ausencia de respuesta del propio solicitante a la contrapropuesta de la empresa, son elementos esenciales para considerar si existe cumplimiento de las exigencias de buena fe.

3º. Imposibilidad de valorar la organización de la familia. La empresa no puede, a la hora de reconocer el derecho de la persona trabajadora —sea el del 34.8 sea el del 37.6—, entrar a analizar cómo esta organiza el cuidado del hijo/a o familiar con su cónyuge o pareja, o en su caso con otras personas de la familia (los abuelos). Sería permitir a la empresa la intromisión en la vida privada de matrimonios y parejas, convirtiéndola en una suerte de guardián de la corresponsabilidad (ni, por derivación, ello se debe permitir a los Juzgados de lo Social). Lo que no impide —obviamente— que las dificultades del otro progenitor para conciliar en términos compatibles con el trabajo de la persona trabajadora solicitante puedan ser alegada por esta para justificar la razón de su derecho.

4º. A la vista de las anteriores consideraciones, las cargas procesales de la persona trabajadora se deben limitar a la propia existencia de su derecho a la conciliación, sin tener que alegar o acreditar la irracionalidad de la decisión empresarial denegatoria —aunque obviamente ello no le impide hacerlo para socavar los argumentos de la empresa—, de ahí que solamente debe alegar y probar: (1) que existe una necesidad de cuidado de la persona que la norma contempla como receptora de los cuidados (sea el 34.8 o sea el 37.6), debiéndose valorar como elementos favorables a las pretensiones de la demanda de la persona trabajadora la existencia de necesidades especiales de cuidado —por ejemplo, si la familia es numerosa o la persona a cuidar tiene discapacidad importante—, o si las necesidades de cuidado recaen sobre la persona trabajadora de manera intensa —por ejemplo, se trata de un progenitor monoparental—; y (2) que esa necesidad de cuidado colisiona con el tiempo de trabajo —en el caso del artículo 37.6— o con el tiempo de trabajo y/o la forma de la prestación —en el caso del artículo 34.8—, sin que baste una mera preferencia, o simplemente no se aporte ningún indicio justificativo de una necesidad de cambio en la jornada.

5°. Una vez la parte demandante ha satisfecho la carga alegatoria y probatoria que le corresponde, la parte demandada puede adoptar dos estrategias de defensa —que, obviamente, puede ejercitar de manera simultánea ante las pretensiones de la demanda—: (1) la primera sería desmontar las alegaciones y pruebas de la parte demandante —por ejemplo, negando los hechos constitutivos del derecho a la conciliación de la parte demandante, o alegando y probando un ejercicio abusivo del derecho de conciliación—; y (2) la segunda sería alegar y acreditar, bien la imposibilidad de las pretensiones de la parte demandante atendiendo a las circunstancias de la empresa, o bien la desproporción irrazonable de la carga que, de atender a esas pretensiones, asumiría la empresa valorada según razones económicas, técnicas, organizativas o de producción, sin que valgan a estos efectos alegaciones de mera conveniencia sin acreditar ningún perjuicio en el funcionamiento de la empresa, ni tampoco basta con alegar estas razones en abstracto, sino que se deben probar en el caso concreto; esta segunda opción de defensa empresarial, dirigida a acreditar la razonabilidad de su denegación, exige una especial intensidad alegatoria y probatoria pues se trata de justificar una decisión limitativa de derechos de conciliación con alcance vinculado a derechos fundamentales, con lo cual debería superar un triple juicio de idoneidad de la denegación, necesidad y proporcionalidad.

Dentro de las razones empresariales a ponderar, entre otras muchas se pueden considerar: el tamaño de la empresa (a mayor tamaño y más plantilla, menos costosa más fácil debe ser la concreción); la organización del tiempo de trabajo (la flexibilidad horaria y los turnos de trabajo influyen decisivamente en las posibilidades de concreción); la especialización de la persona trabajadora (a mayor especialización más dificultosa es su sustitución); o la existencia de otras personas trabajadoras ejercitando derechos de conciliación (si son muy numerosas eso dificulta la concreción, sin que se pueda exigir a la empresa que, para concretar el derecho de una persona trabajadora, se tenga que negar el derecho de otras que previamente lo tenían concretado). En particular, la colisión con los derechos laborales de otras personas trabajadoras puede justificar la denegación empresarial pues la empresa no está habilitada para modificar sustancialmente las condiciones de trabajo de otros trabajadores por causa del derecho de conciliación, sin que tampoco se le pueda exigir que, para evitar esa colisión, contrate otros trabajadores para la parte de jornada reducida; ahora bien, la empresa sí está habilitada para realizar ajustes que no supongan modificación sustancial, de modo que la realización de tales ajustes no es causa para oponerse a la concreción —es más, tales ajustes son la más de las veces necesarios para satisfacer el derecho a la conciliación de la persona trabajadora ...».

En el mismo sentido, se han pronunciado en sus resoluciones otros tribunales, sirva de muestra la sentencia 373/2023 del TSJ de Cantabria, de 19 de mayo de 2023 (Rec. 244/2023)[170], que recoge que, cuando está en juego el derecho a la maternidad en sus distintas vertientes, así como la conciliación de la vida familiar y laboral y la no discriminación por razón de sexo, no hay que perder de vista la dimensión constitucional y la perspectiva de género, que son criterios de interpretación, al abordar esta problemática (FJ 2, apartado 4)[171].

---

170. STSJ Cantabria, Sala de lo Social, Sentencia 373/2023, de 19 de mayo de 2023. Rec. n.º 244/2023. PONENTE: Mercedes Sancha Saiz. Reducción de jornada por guarda legal. Abono por la empresa a la trabajadora durante esta situación, de manera proporcional, los complementos de turnicidad y relevo. El plus de turnicidad abona el exceso de tiempo empleado por los trabajadores en el aseo personal. Se trata de un plus que está ligado a la normativa de prevención de riesgos laborales, siendo el tiempo empleado en tales labores el mismo independientemente de que el trabajo sea a tiempo completo o parcial.
171. Recoge en la sentencia la Sala, al dirimir sobre un plus de turnicidad, que abona el exceso de tiempo empleado por los trabajadores en el aseo personal, que está ligado a la normativa de prevención de riesgos laborales, siendo el tiempo empleado en tales labores el mismo independientemente de que el trabajo sea a tiempo completo o parcial, que «En estas situaciones en las que está en juego el derecho a la maternidad en sus distintas vertientes, así como la conciliación de la vida familiar y laboral y la no discriminación por razón de sexo no hay que perder de vista la dimensión constitucional y la perspectiva de género que son criterios de interpretación al abordar esta problemática y

A veces es necesario acudir a la revisión de las sentencias ya que, lamentablemente, no siempre se juzga aplicando el mandato de la interpretación con perspectiva de género y es necesario acudir a la revisión de esas resoluciones. Es en suplicación cuando la STSJ de Canarias, de 1 de septiembre de 2020 (Rec. 197/2020)[172]modifica la resolución del Juzgado de lo Social n.º 4 de Las Palmas de Gran Canaria, de 16 de diciembre de 2019, por la que se desestimaba la demanda de adaptación de la jornada laboral en aras a cosa juzgada material, en su vertiente excluyente o negativa (art. 222.1 y 3 LEC), que la Sala entendió que no concurría por cambio en sus circunstancias familiares y personales. En la sentencia del TSJ de las Palmas, se aplicó la perspectiva de la infancia y la perspectiva de género, por el impacto desproporcionado de género en el ejercicio de los derechos de conciliación laboral y familiar, ponderando los tres derechos en juego: del niño, de la madre y de la empresa, condenando a esta última a indemnización por daño moral a la trabajadora.

De manera recurrente se suelen plantear supuestos que deniegan la solicitud de adaptación cuando hay familiares que, entiende la empresa, incluso quien juzga, puedan atender las necesidades de conciliación. En tal sentido, llama la atención que se mantengan, a menudo, posturas diferentes, incluso en el seno de un mismo tribunal, para denegar o estimar el derecho a la adaptación de la jornada.

Así la SJS de Mataró, secc. 1, de 12 septiembre 2019 (Rec. 642/2019)[173], entiende que el solicitante no tiene la obligación de acreditar si hay otros familiares que puedan ayudar en el

---

que han de servir como complemento a los criterios de interpretación de las normas y de los contratos.»

172. Roj: STSJ ICAN 779/2020. Sala de lo Social, Palmas de Gran Canaria (Las) Sección: 1, de 1 de septiembre de 2020, N.º Recurso: 197/2020. N.º de Resolución: 996/2020. Procedimiento: Recurso de suplicación. Ponente: GLORIA POYATOS MATAS.

173. Roj: SJSO 4831/2019. SJSO Mataró (Barcelona), de 12 de septiembre de 2019. N.º de Resolución: 251/2019. N.º Recurso: 642/2019. Ponente: RAQUEL MARTIN BAILON.

cumplimiento de las obligaciones de conciliación. Con el mismo criterio se pronuncia el TSJ de Galicia, en sentencia de 6 de noviembre 2020 (Rec. 2046/2020)[174], recordando que estamos ante un derecho de carácter individual, por lo que no resulta preciso acreditar la imposibilidad de acudir a otros mecanismos para conciliar la vida familiar y laboral y, mucho menos, si el otro progenitor (u otra persona) puede hacerse cargo de la menor, considerando que la solicitante no tiene que demostrar que concurren más circunstancia que la relativa al horario lectivo de su hija.

Como ya se apuntaba, luctuosamente, no en todas las sentencias se resuelve aplicando la perspectiva de género, de hecho, son los votos particulares disidentes los que lo ponen de relieve, así la STSJ Las Palmas, de 13 de octubre de 2025 (Rec. Suplicación núm. 860/2025)[175], entiende que no procede aplicar la perspectiva de género porque «ello implica valorar hechos y no interpretar las normas en juego». Sin embargo, en esa resolución judicial se incluye el voto particular disidente de la magistrada Poyatos Matas, en el que deja constancia que: «El derecho de reparación, cuando estamos ante decisiones con impacto nocivo desproporcionado por razón de género (art 14 CE), no es una opción para los poderes del Estado, sino una obligación integrada en el principio internacional de diligencia debida vinculante para quienes juzgamos (art.2 c) d) e) y f) y art. 5 a) de la CEDAW)»…» así como la «Recomendación nº28 del Comité CEDAW (Apartado III-A.17 y Obligaciones generales incluidas en el art 2 y Apartado III-B.32)», continuando su argumentación y fundamentación en la «Observación General n.º 16 del Comité de Derechos Económicos, Sociales y Culturales y el

---

174. Roj: STSJ GAL 6686/2020. STSJ Galicia, de 06 de noviembre de 2020, Coruña (A). N.º de Resolución: 4497/2020. N.º Recurso: 2046/2020. Ponente: PILAR YEBRA-PIMENTEL VILAR.

175. TSJ Sala de lo Social (Las Palmas de Gran Canaria), de 13 de octubre de 2025. Recurso de Suplicación N.º Rollo: 860/2025. Ponente: JAVIER ERCILLA GARCÍA.

art 10 de la Ley Orgánica 3/2007, de 22 de marzo, para la igualdad efectiva de mujeres y hombres, que establece las consecuencias jurídicas de las conductas discriminatorias». Continúa la magistrada citando el principio de «diligencia debida (arts. 9.2, 10.2 y 96.1 CE) que vincula a todos los poderes del Estado y cuando se trata de derechos fundamentales (art 14 CE y 21.1 y 24.2 de la Carta de los Derechos Fundamentales de la Unión Europea, protegidos por Tratados internacionales y regionales de Derechos humanos, tales como CEDAW, CEDH, Convención Derechos del Niño, debiendo prevaler el principio «pro persona» frente a interpretaciones procesales rigoristas que limiten el acceso a la justicia, especialmente, de las mujeres trabajadoras, como sucede en este caso», como acreditan los pronunciamientos del TC En esa línea se ha pronunciado el TC en sus SSTC 140/2018 y 113/2021. Prosigue el voto particular de la magistrada con su fundamentación, recordando las dificultades de las trabajadoras para conciliar el cuidado de sus hijas e hijos y el porqué de la necesaria interpretación y aplicación de la norma sin olvidarlo, significando ello también obedecer al mandato constitucional de remover obstáculos, para proseguir su argumentación indicando la también necesaria interpretación con perspectiva de la infancia y de la discapacidad[176].

---

176. STSJ Las Palmas, de 13 de octubre de 2025 (Rec. Suplicación núm. 860/2025). Voto particular disidente de la magistrada Poyatos Matas: «Las dificultades de las madres trabajadoras para conciliar el cuidado de sus hijos e hijas con la vida profesional, sin penalización retributiva, esto es, por la vía prevista en el art. 34.8 del ET, las arrastra irremediablemente a solicitar drásticas reducciones de jornada con pérdida retributiva y de cotización, sin no pocas dificultades en la concreción horaria, que acaba incidiendo en la amplia brecha salarial/pensiones y, en el peor de los casos, empuja a las mujeres al abandono del puesto de trabajo, bien temporalmente (excedencias) o bien definitivamente. Integrar la perspectiva de género en el enjuiciamiento significa juzgar teniendo en cuenta la realidad descrita estadísticamente, significa tener en cuenta la situación desventajada de las mujeres trabajadoras y la pérdida de oportunidades laborales que soportan por no dejar de cuidar familiares. También significa remover obstáculos, a través de la aplicación e interpretación del Derecho, para lograr la igualdad de resultado entre mujeres y hombres. Significa, en fin, hacer

Anteriormente, ya esta Sala había dictado una sentencia que también supuso un retroceso, con un concepto novedoso a la vez que desafortunado, el «control de corresponsabilidad judicial», un nuevo revés para las trabajadoras que se atreven a cuidar[177]. La resolución a la que se alude en la Sentencia del Tribunal Superior de Justicia de Canarias, de 24 de abril de 2024 (Recursos 1561/2023), enjuicia la demanda de conciliación familiar (art. 34. 8° ET), en la que la trabajadora demandante solicita reducción de jornada y la adscripción a turno fijo, de lunes a viernes, para el cuidado de su hija de 2 años. La sentencia de instancia había estimado el derecho a la concreción horaria solicitada y, también, parcialmente, una indemnización paralela por daño moral. La Sala canaria, estimó el recurso de la empresa y revocó la sentencia, desestimando la demanda de la trabajadora, de un lado, en aplicación del «control de corresponsabilidad judicial», al librar el progenitor varón los fines de semana y, de otro, por el impacto que tendría en el descanso semanal rotatorio del resto de compañeras. Eso sí, afortunadamente se emite voto particular disidente al criterio mayoritario, con amparo en el art. 260.2 de la LOPJ, a cargo de la magistrada Poyatos Matas, argumentando que quienes juzgan no pueden organizar la corresponsabilidad familiar ideal, no pueden obligar a cuidar a quienes no lo han solicitado (en referencia al padre que ni era parte en el proceso, ni había solicitado conciliar) y, mucho menos, denegar el ejercicio del derecho individual a

---

real el mandato contenido en el art. 9.2 (STC 109/1993) y art 10.2 CE, en relación con el art. 4 y 15 de la LOIEMH. Hay que pasar de la retórica a la efectivización. El formalismo mágico es pensar que la mera enunciación del derecho conlleva su cumplimiento, ello perpetua las amplias brechas de género derivadas del trabajo (invisible) de los cuidados».

177. POYATOS I MATAS, Glòria (2024). El "control de corresponsabilidad judicial", un nuevo revés para las trabajadoras que se atreven a cuidar. Comentario a la Sentencia del Tribunal Superior de Justicia de Canarias de 24 de abril de 2024 (Recursos 1561/2023) y su Voto Particular. *Revista Anales de Derecho AdD, n.° 41,* año 2024 Comentarios de Sentencias. Servicio de Publicaciones Universidad de Murcia.

conciliar familia y trabajo en base a un «control previo de co-rresponsabilidad judicial», inexistente en la ley, pasando por alto el interés superior del menor y evidenciando una ausencia de integración de las perspectivas de género e infancia.

Con parecida argumentación a la de la Sala canaria, se pronuncia la STSJ Andalucía, con sede en Granada, de 08 de mayo de 2025 (Rec. 1100/2024)[178], que, no sólo desestima una demanda de adaptación de la jornada mediante teletrabajo, de una trabajadora social de la Agencia de Servicios Sociales y Dependencia de Andalucía, para poder conciliar su trabajo con los cuidados de tres hijos, de entre tres y siete años de edad, solicitando teletrabajo, sino que además lo hace, entre otros motivos, en aras de un supuesto fomento de la corresponsabilidad «en el ejercicio de todos estos derechos relacionados con la conciliación de la vida laboral y familiar, se ha de tener en cuenta la necesidad de lograr una corresponsabilidad entre mujeres y hombres y de evitar la perpetuación de roles y estereotipos de género» argumenta la resolución judicial.

También, desafortunadamente, se pronuncia en esta materia la sentencia del Tribunal Superior de Justicia de Aragón, Sala de lo Social, Sentencia núm. 13/2021, de 19 de enero (Rec. 637/2020) [179], aunque, en este caso, se termina estimando la pretensión de la trabajadora, desestimando el recurso de suplicación interpuesto por la parte empresarial, teniendo en cuenta en cuenta las necesidades de conciliación, las necesidades organizativas de la empresa y los derechos del resto de trabajadores, y se le reconoce a aquélla una indemnización por daño moral al haberse vulnerado derechos fundamentales.

---

178. Roj: STSJ AND 8379/2025, STSJ Andalucía, de 8 de mayo de 2025. N.º de Resolución: 1209/2025. N.º Recurso: 1100/2024. Ponente: BEATRIZ PEREZ HEREDIA.

179. Roj: STSJ AR 41/2021. Tribunal Superior de Justicia. Sala de lo Social. Zaragoza Sección 1, de 19 de enero de 2021. N.º de Recurso 637/2020. N.º de Resolución: 13/2021. Recurso de suplicación Ponente: JOSE ENRIQUE MORA MATEO.

Y digo desafortunadamente, porque entiendo que no era necesario entrar a evaluar si existía o no esa necesidad de conciliación, demostrándose la imposibilidad de que concilie la pareja (o incluso otro familiar —como puedan ser los abuelos— o un cuidador)[180], el derecho a conciliar vida laboral y familiar, sino que se trata de una necesidad propia, no en relación con otras personas que ni siquiera son parte en el procedimiento, ni han manifestado su predisposición a conciliar.

Resumiendo, como bien se argumenta en la Sentencia del Tribunal Superior de Justicia del País Vasco, de 20 de octubre de 2020, (Rec. 1157/2020)[181] «la presencia o no de terceros que a su vez pudieran también intervenir en el cuidado del familiar afectado, incluso directamente, no altera el ejercicio de tal derecho. No solo por el carácter individual del mismo (...) sino porque tal cuidado puede adquirir modos diversos en lo que a su práctica diaria».

En conclusión, lejos de ayudar a la promoción de la corresponsabilidad familiar, con las resoluciones que exigen una irreal corresponsabilidad, incluso dando pautas de lo que debiera ser y tristemente no es, difícilmente puede disminuir y, mucho menos, revertir el mapa estadístico de género si, por la vía interpretativa, se limita el acceso a la justicia de las personas trabajadoras[182], mayoritariamente mujeres, que ejercen su legítimo e individual derecho a conciliar la vida personal, familiar y laboral.

---

180. *Véase* VIQUEIRA PÉREZ, Carmen (2021) Límites a la adaptación de jornada para la conciliación de la vida familiar (art. 34.8 ET). *Revista de Jurisprudencia Laboral. Número 4/2021.* https://www.boe.es/biblioteca_juridica/anuarios_derecho/articulo.php?id=ANU-L-2021-00000001268.
181. Roj: STSJ PV 1999/2020. Tribunal Superior de Justicia. Sala de lo Social, Bilbao Sección: 1, de 20 de octubre de 2020. N.º de Recurso: 1157/2020. N.º de Resolución: 1343/2020. Recurso de suplicación Ponente: JOSE LUIS ASENJO PINILLA
182. POYATOS I MATAS, Glòria (2024). El "control de corresponsabilidad judicial", un nuevo revés para las trabajadoras que se atreven a cuidar. *Op. Cit.*

VI. Recapitulación y algunas consideraciones

La evolución histórica del tratamiento de la jornada laboral, con un complejo entramado de normativa nacional e internacional, el impacto de género, los avances tecnológicos, el cambio cultural, que valora cada vez más los tiempos de ocio, y la integración entre la vida laboral y personal, todos ello con perspectiva de género, ponen de relieve el alcance multifacético de la reducción y la adaptación de la jornada laboral en relación al ejercicio de los derechos de conciliación personal y laboral.

En concreto, con los avances tecnológicos, la digitalización, la robotización y la inteligencia artificial, y la implantación del teletrabajo, se corre el riesgo de aumentar la desigualdad de género, añadiendo a las brechas de género las brechas digitales, necesitando urgentes políticas de igualdad real, de inversión en capital humano y en digitalización, en educación y en formación permanente de las personas trabajadoras, que permitan la actualización en las nuevas tecnologías, y políticas públicas hacia una conciliación corresponsable e igualitaria de la vida laboral y familiar.

Así, con los resultados de esas trasformaciones sociales, en paralelo, pueden ir llegando medidas a través de reformas legales, como la reducción de la jornada máxima, entre otras. Por ello, la reducción de la jornada máxima legal tiene una notable relevancia laboral y económica y promueve la reflexión acerca de cómo afectaría esta medida a las mujeres trabajadoras y cómo deberían abordarse y plantearse estas estrategias para acercar a las mujeres a situaciones de mayor igualdad. Esta reducción, sin disminución de retribuciones, llevada a cabo de manera sostenible y equitativa, mejoraría la calidad de vida, colaboraría en mejorar el equilibrio entre la vida laboral y personal y podría llevar a promover un reparto más equitativo de los trabajos de cuidados, unido a una posible mejor distribución del empleo y reducción del desempleo.

Las estadísticas nos muestran que las menores horas trabajadas habitualmente por las mujeres (bien sea a través del trabajo a tiempo parcial, reducciones de jornada, excedencias y demás permisos) se deben, en general, a que la actual jornada laboral, así como la actual organización del tiempo de trabajo, dificulta, e incluso imposibilita, la conciliación con las responsabilidades familiares, siendo las mujeres quienes asumen una mayor parte de las tareas de cuidado de hijas e hijos y familiares dependientes. La reducción de la jornada máxima podría mejorar las condiciones laborales de las mujeres y reducir la brecha de género.

No obstante, para que la reducción de jornada máxima sea eficaz y se implemente de tal forma que no genere efectos adversos, especialmente en sectores feminizados y en los empleos a tiempo parcial, también feminizados, es necesario adoptar medidas complementarias, como herramientas o sistemas efectivos de control y registro horario, fundamentalmente en aquellos sectores donde las horas extraordinarias devienen impagadas al tener horarios extensos, variables e inciertos. Tras el intento legal fallido de reducción de la jornada máxima, cobra más protagonismo ese deseado correcto registro de la real jornada laboral, teniendo muy presente el derecho a la desconexión, que respete los horarios de descanso, sobre todo por su estrecha relación con los derechos de conciliación de la vida laboral y familiar, en el avance de la igualdad de género.

Otra materia, no menos importante, es el tiempo de descanso, ese tiempo fuera de las obligaciones y ocupaciones habituales. Es de temer que las medidas actuales y las propuestas no reducirán en gran medida la brecha de género del ocio, ese tiempo libre de las mujeres tan desigual en cantidad y en calidad, por lo que serán además necesarias políticas públicas y políticas familiares, que tengan un impacto en la cantidad y la calidad del ocio de las mujeres, lo que fomentaría una sociedad más productiva e igualitaria.

A pesar de los avances regulados en los últimos años, dando un paso importante en el incremento de las medidas legales, la implementación del derecho para conciliar los cuidados y la vida laboral sigue enfrentando desafíos prácticos y legales, como la necesidad de la buena fe en la negociación, colectiva e individual, y la intervención judicial en caso de desacuerdo, lo que impide considerarlo un derecho consolidado y mucho menos de aplicación automática.

A diferencia de otras medidas ya afianzadas en el ordenamiento jurídico, el derecho a obtener una adaptación de la jornada de trabajo, el derecho al cambio de turno o el derecho al trabajo a distancia por motivos de conciliación, no es un derecho absoluto ni automático, sino que, el reconocimiento de este derecho individual, se condiciona a que la solicitud formulada por la persona trabajadora sea razonable y proporcionada, en relación con las necesidades de la persona trabajadora solicitante y con las necesidades organizativas o productivas de la empresa, derivando en una obligación de negociar bien por la vía convencional o individualmente entre las partes. Esa necesidad de demostrar la razonabilidad y proporcionalidad de la solicitud y la exigencia de que la empresa tenga que justificar su posible denegación, han convertido este derecho en uno de los que más controversias ha planteado para su interpretación y aplicación.

Esa ineludible interpretación de la norma, sobre conceptos jurídicos indeterminados, ha favorecido la litigiosidad, siendo numerosos los pronunciamientos judiciales que han ido delimitando los requisitos propicios para el reconocimiento del derecho a la adaptación de la jornada para conciliar la vida laboral, familiar y personal. En realidad, la norma ofrece una expectativa de derecho de la persona trabajadora, cuya materialización estará sujeta a la concurrencia de las circunstancias que condicionan el reconocimiento del derecho. Por estos motivos, es tan importante resolver con criterios de interpretación de la norma que no caigan en discriminación.

Y es que la limitación de un derecho, ligado a la efectiva conciliación de la vida familiar y laboral, que garantiza un derecho de las personas trabajadoras con responsabilidades familiares y el respeto al principio de igualdad de oportunidades entre hombres y mujeres en el ámbito laboral, puede discriminar por razón de sexo. Una interpretación restrictiva del ejercicio de este derecho, sin valorarse adecuadamente en clave constitucional, con perspectiva de género, así como, cuando proceda, también perspectiva de la infancia y de la discapacidad, supone una discriminación indirecta de las mujeres trabajadoras, por ser ellas las que mayoritariamente lo ejercitan.

Lamentablemente, no todas las resoluciones tienen en cuenta que, el derecho de la persona trabajadora a la adaptación de la jornada para conciliar el trabajo con la vida familiar y personal del art. 34.8 de la LET, en relación con el derecho a la igualdad y no discriminación, como derecho humano que es, conlleva el cumplimiento del principio de diligencia debida que exige del Estado, a través de todos sus poderes, incluido el judicial, teniendo como finalidad la igualdad real ex art. 2 f) y 5. A) de la CEDAW, en relación con las Recomendaciones 28 y 33 del Comité CEDAW y arts. 10.2° y 96 de la CE,. Todo ello habrá de regirse, en su aplicación, por los principios de universalidad, integralidad y el principio «pro persona», con una interpretación garantizadora y favorable, en aquellos casos en los que el impacto de género es incuestionable, sin entrar a valorar la organización familiar.

En consecuencia, se debería determinar que, la necesidad de conciliación debe identificarse con la necesidad de conciliación de la persona trabajadora solicitante, titular de la expectativa de derecho, y no analizar, o exigir demostrar, la imposibilidad de que concile otro familiar u otra persona cuidadora, que incluso se desconoce si desea conciliar o no, en cualquier caso, que ni siquiera lo ha solicitado, y, mucho menos, dando instrucciones de cómo debería ser esa conciliación como si la co-

rresponsabilidad fuera un hecho consolidado, tal, sorprenden-
temente, se recoge en algunas resoluciones.

Si está demostrada la brecha de género de los cuidados y
además obligamos a la persona trabajadora solicitante, mayoritariamente mujeres por tanto, a demostrar la imposibilidad de
atender la conciliación, a través de otras medidas o con ayuda
de otras personas, y no se entiende que el derecho de adaptación depende, únicamente, de la existencia de los presupuestos
objetivos que dan derecho a conciliar, con la imposibilidad individual para hacerlo manteniendo el régimen de prestación de
trabajo, se estará forjando una interpretación restrictiva del
ejercicio de este derecho, vulnerando normas y derechos fundamentales, sin valorarse adecuadamente en clave constitucional y con perspectiva de género, suponiendo una discriminación indirecta e institucional de las mujeres trabajadoras, por
ser ellas las que mayoritariamente los ejercitan.

VII. Bibliografía

Alarcón Caracuel, Manuel Ramón (1988). *La ordenación del tiempo de trabajo* Tecnos.

Álvarez Alday, Marta y Fernández-Villarán Ara, Asunción (2012). Impacto económico del ocio en el siglo XXI. ARBOR *Ciencia, Pensamiento y Cultura*, vol. 188.

Alvarez Cuesta, Henar. Formas de trabajo y distribución de su tiempo y cambio climático. *XXXV Congreso Anual de la Asociación Española de Derecho del Trabajo y de la Seguridad Social* Valencia, 29 y 30 de mayo de 2025 COLECCIÓN IN-FORMES Y ESTUDIOS Serie Empleo Núm. 70, MINISTERIO DE TRABAJO Y ECONOMÍA SOCIAL Subdirección General de Informes, Recursos y Publicaciones.

Argüelles Blanco, Ana Rosa (2025). La reducción de la jornada laboral: con causas para la oportunidad de la reforma legal. *XXXV Congreso Anual de la Asociación Española de Derecho del Trabajo y de la Seguridad Social* Valencia, 29 y 30 de mayo de 2025 COLECCIÓN INFORMES Y ESTUDIOS Serie Empleo Núm. 70, MINISTERIO DE TRABAJO Y ECONO-MÍA SOCIAL Subdirección General de Informes, Recursos y Publicaciones.

Basterra Hernández, Miguel (2017), *Tiempo de trabajo y tiempo de descanso*, Tirant lo Blanch, Valencia, 2017.

Baylos, Antonio, Cabeza, Jaime y Trillo, Francisco (2025). Reducción de la jornada máxima: Oportunidad política, social y normativa, Grupo de trabajo NET21, N°.21.

BARRIOS BAUDOR, Guillermo L (2019), «Adaptación de la jornada de trabajo por motivos de conciliación de vida familiar y laboral», *Revista Aranzadi Doctrinal*, nº2 (2019).

CASAS BAAMONDE, Mª. Emilia (2019). Soberanía sobre el tiempo de trabajo e igualdad de trato y de oportunidades de mujeres y hombres. *Derecho de las Relaciones Laborales*. 3: 227-244.

CASAS BAAMONDE, Mª. Emilia (2019). La organización del tiempo de trabajo con perspectiva de género: la conciliación de la vida privada y la vida laboral, *Documentación Laboral*, n.º 117, 2019.

CASAS BAAMONDE, Mª Emilia (2021) Trabajo de las mujeres y digitalización *Revista de Derecho Laboral v Lex (RDLV)*, ISSN-e 2696-7286, N°.4, 2021 (Ejemplar dedicado a: Monográfico: «El trabajo femenino, a examen jurídico») pp. 67-88

CONDE-RUIZ José Ignacio y LAHERA FORTEZA Jesús (2025) Reducir la jornada laboral: los retos de una transición equilibrada. *eldiario.es*. https://www.eldiario.es/opinion/tribuna-abierta/jornada-laboral-retos-transicion-reducir-equilibrada_129_12012514.html

CRISTÓBAL RONCERO, María del Rosario, (2024) La conciliación de la vida familiar y profesional en la Unión Europea. *REJLSS Revista de Estudios Jurídico Laborales y de Seguridad Social*, noviembre-abril 2024 - núm.8, pp. 73-97.

ESCRIBANO GUTIÉRREZ, Juan (2020) Las fuentes reguladoras del tiempo de trabajo, en AA.VV., GONZÁLEZ ORTEGA, S. (Coord.), El nuevo escenario en materia de tiempo de trabajo, *XXXVIII Jornadas Universitarias Andaluzas de Derecho del Trabajo y Relaciones Laborales* Ed. 62, Junta de Andalucía, Consejería de Empleo, Formación y Trabajo Autónomo. Consejo Andaluz de Relaciones Laborales, 2020.

EZQUERRA ESCUDERO, Luis (2006). *Tiempo de trabajo en España: aproximación histórica. Desde la emergencia del Derecho Social hasta el Estatuto de los trabajadores de 1980,* Ed. Atelier, pp. 30 a 33

FERRADANS CARAMÉS, Carmen (2025). El trabajo a tiempo parcial en *XXXV Congreso Anual de la Asociación Española de Derecho del Trabajo y de la Seguridad Social* Valencia, 29 y 30 de mayo de 2025 COLECCIÓN INFORMES Y ESTUDIOS Serie Empleo Núm. 70, MINISTERIO DE TRABAJO Y ECONOMÍA SOCIAL Subdirección General de Informes, Recursos y Publicaciones.

GARCÍA NINET, José Ignacio (1975a). Elementos para el estudio de la evolución histórica del derecho español del trabajo: regulación de la jornada de trabajo desde 1855 a 1931 (I parte). *Revista de trabajo*, 51, 37-132; pp. 95 y ss.

GARCÍA NINET, José Ignacio (1975b). Elementos para el estudio de la evolución histórica del derecho español del trabajo: regulación de la jornada de trabajo desde 1855 a 1931 (II parte). *Revista de trabajo*, 52, 5-124.

GOERLICH PESET, José María (2025). El trabajo y su tiempo. *Tiempo de trabajo y cambio climático XXXV Congreso Anual de la Asociación Española de Derecho del Trabajo y de la Seguridad Social* Valencia, 29 y 30 de mayo de 2025 COLECCIÓN INFORMES Y ESTUDIOS Serie Empleo Núm. 70, MINISTERIO DE TRABAJO Y ECONOMÍA SOCIAL Subdirección General de Informes, Recursos y Publicaciones.

GORELLI HERNÁNDEZ, Juan (2020). Tiempo de tiempo de trabajo y conciliación de la vida laboral y familiar: el RD-ley 6/2019, en GONZÁLEZ ORTEGA, S. (coord.), *El nuevo escenario en materia de tiempo de trabajo: XXXVIII Jornadas Universitarias Andaluzas de Derecho del Trabajo y Relaciones Laborales*, 2020, pp. 125-160.

JIMÉNEZ HIDALGO, Adoración (2019). Juzgar con perspectiva de género en la jurisdicción de lo Social. ¿Es necesaria una reforma legislativa?, *Revista de la Comisión de lo social de Juezas y Jueces para la Democracia*, núm. 197, 2019.

LAHERA FORTEZA Jesús, CONDE RUIZ, José Ignacio (2025) Cómo mejorar el Proyecto de Ley sobre Reducción de Jornada, Registro Horario y Desconexión Digital. *Apuntes 2025/*21 mayo de 2025

LANDA ZAPIRAIN, Juan Pablo (2009) OIT, en A.A.V.V. *Enciclopedia laboral básica «Alfredo Montoya Melgar»*, Ed. Cizur Menor (Civitas), 2009.

LICANDRO, Oscar (2016). «El voluntariado corporativo como práctica de responsabilidad social empresaria hacia los empleados y la comunidad», *Revista Científica Teorías, Enfoques y Aplicaciones en las Ciencias Sociales*, año 8, n° 18.

LICANDRO, Oscar (2023). Voluntariado corporativo: definición y relación con la Responsabilidad Social Empresarial. Retos Revista de Ciencias de la Administración y Economía, 13(25), 107-121. https://doi.org/10.17163/ret.n25.2023.07, pp. 107-121

LÓPEZ AHUMADA, José Eduardo (2022). *Tiempo de trabajo y economía digital. Limitación del tiempo de trabajo y garantía del descanso laboral,* Ediciones Cinca.

LÓPEZ BALAGUER, Mercedes (2003). La ordenación del tiempo de trabajo. En Martín Jiménez, R. y Sempere Navarro A. V. (Eds.), *El modelo social en la Constitución española de 1978* (pp. 409-432).

LOUSADA AROCHENA, Fernando (2014). *El derecho fundamental a la igualdad efectiva de mujeres y hombres,* Tirant Lo Blanch, Valencia, 2014

MAGRO SERVET, Vicente (2025) Decálogos sobre la violencia económica y vicaria en el contexto de la perspectiva de género. El nuevo art. 173 bis CP sobre violencia vicaria. *Diario LA LEY, N.º 10819, Sección Doctrina,* 3 de noviembre de 2025.

MANEIRO VÁZQUEZ, Yolanda (2015) Los Convenios de la OIT en el Derecho español, en *RMESS,* n.º 117/2015, pp. 261 y ss.

MARTÍNEZ LÓPEZ, Rosa.; ROLDÁN AYUSO, Susana (2021) Estudio estadístico de los tiempos de vida: tiempos de actividad laboral y trabajo de cuidados, en MOLERO MARAÑÓN, Mª Luisa, *Ser mujer en el mercado de trabajo: Dificultades, oportunidades y retos.* Aranzadi Thomson Reuters, Cizur Menor, 2021, pp. 259 y ss.

MARTÍNEZ PEÑAS, Leandro (2011). Los inicios de la legislación laboral española: La Ley Benot, *Revista Aequitas: Estudios sobre historia, derecho e instituciones,* n°1.

MARTÍN VALVERDE, Antonio (1987) La formación del derecho del trabajo en España, en AA.VV., *La legislación social en la historia de España. De la revolución liberal a 1936,* Ediciones Congreso de los Diputados.

MARVAUD, Ángel (1975) *La cuestión social en España*, (Garín, J. J., trad.), Ediciones Revista de Trabajo, pp. 288 y ss.

MELÉNDEZ MORILLO-VELARDE, Lourdes. (2023) El derecho a solicitar la adaptación de jornada: Una aproximación legal y judicial. *Anuario Jurídico y Económico Escurialense*, LVI (2023) 95-120.

MERINO SEGOVIA, Amparo (2019). El contrato a tiempo parcial de las mujeres: ¿políticas activas de empleo?; en RODRÍGUEZ ESCANCIANO, Susana y MARTÍNEZ BARROSO, María de los Reyes (Dirs.): *La empleabilidad y la calidad en el empleo: apostando por la igualdad efectiva*. Madrid. Sepín, 2019.

MOLERO MARAÑÓN, Mª Luisa (2021) El derecho a la desconexión digital en el marco de la Unión Europea con especial atención a la igualdad de género. *Revista de Derecho Laboral v Lex (RDLV)*, ISSN-e 2696-7286, Nº. 4, 2021 (Ejemplar dedicado a: Monográfico: «El trabajo femenino, a examen jurídico»), pp. 139-157.

MOLINA NAVARRETE, Cristóbal. (2002). El derecho a la seguridad y salud en el trabajo. El derecho a la mejora de las condiciones de trabajo. El derecho al descanso. En Molina Navarrete, C. (coord.), Monereo Pérez, J. L. (coord.) & Moreno Vida M. N. (coord.), *Comentario a la constitución socio-económica de España* (pp. 1393-1424). Granada: Comares.

MOLINA NAVARRETE, Cristóbal (2020) La doctrina jurisprudencial por discriminación de género en el orden social, Wolters Kluwer, Madrid, 2020.

MONEREO PÉREZ, José Luis y GORELLI HERNÁNDEZ, Juan (2009). *Tiempo de trabajo y ciclos vitales. Estudio crítico del modelo normativo*, Ed. Comares.

MONEREO PÉREZ, José Luis (2018) *El trabajo decente*, (Dirs.) José Luis Monereo Pérez, Juan Gorelli Hernández y Ángel Luis de Val Tena, Granada (Comares), 2018

MO-YEOL KANG, MD, MSC, SOO-HUN CHO, MD, PHD, MIN-SANG YOO MD, Yun-Chul Hong, *Las largas jornadas laborales pueden aumentar el riesgo de enfermedad coronaria*. American Journal of Industrial Medicine. Vol. 57, núm. 11, de noviembre de 2014.

OTAEGUI JÁUREGUI, Amaia (2025), Reducción de la jornada máxima: una medida necesaria y con un importante impacto de género, *REVISTA TRABAJADORA*, 85 (febrero, 2025)

PÉREZ CAMPOS, Ana Isabel (2017) Los derechos de conciliación de la vida personal y familiar con el trabajo: evolución legislativa, *Revista del Ministerio de Empleo y Seguridad Social*, núm. 133.

PEREZ GUERRERO, María Luisa (2025) Conciliación en la vida personal, familiar y laboral y de corresponsabilidad familiar. Guía de recomendaciones y buenas prácticas para la negociación colectiva andaluza. Ed. Consejo Andaluz de Relaciones Laborales.

POQUET CATALÀ, Raquel (2023), El derecho a la adaptación de la jornada como medida de conciliación, en GARCÍA GONZÁLEZ, Guillermo y MORENO SOLANA, Amanda (Dirs.) *La negociación colectiva ante los nuevos retos jurídico-laborales: contratación, igualdad y digitalización*. Ed. Dykinson, S.L, 2023 Madrid.

POYATOS I MATAS, Gloria (2019) Juzgar con perspectiva de género: una metodología vinculante de justicia equitativa, *iQual. Revista De Género e Igualdad*, núm.2, 2019.

POYATOS I MATAS, Gloria (2022). *Juzgar con perspectiva de género en el orden social*, Aranzadi, Navarra, 2022.

POYATOS MATAS, Glòria (2022). *Un método manejable para juzgar con perspectiva de género en el orden de lo social*. Tesis doctoral. Universidad de Murcia

POYATOS I MATAS, Glòria (2024) El «control de corresponsabilidad judicial», un nuevo revés para las trabajadoras que se atreven a cuidar. Comentario a la Sentencia del Tribunal Superior de Justicia de Canarias de 24 de abril de 2024 (Recursos 1561/2023) y su Voto Particular. *Revista Anales de Derecho AdD, n.º 41,* año 2024 Comentarios de Sentencias. Servicio de Publicaciones Universidad de Murcia

RAMM, Thilo (1986). El laissez-faire y la protección de los trabajadores por parte del Estado. En Hepple, B. (Ed.), *La formación del derecho del trabajo en Europa. Análisis comparado de la evolución de nueve países hasta el año 1945.* traducción española (1994). Madrid: MTSS, pp. 113 y ss.

RÍSQUEZ RAMOS, Álvaro y PONCE ÁVILA, Mª. Constanza (2024). *La jornada laboral en España. Herramientas para la negociación de la reducción del tiempo de trabajo*, UGT-Servicio de Estudios de la Confederación.

RODRÍGUEZ GONZÁLEZ, Sarai (2025). Reducción de jornada por guarda legal y derecho a la percepción íntegra del complemento de turnicidad. Comentario a la Sentencia del Tribunal Supremo 5/2025, de 14 de enero de 2025 (Recud. 963/2024). *Revista Crítica de Relaciones de Trabajo, Laborum,* 15 (2025): 187-199

RODRÍGUEZ RODRÍGUEZ, Emma (2021). «De la conciliación a la corresponsabilidad en el tiempo de trabajo: un cambio de paradigma imprescindible para conseguir el trabajo decente». *Lex Social: Revista de derechos sociales.* Vol.11, n°1, pp. 40-70.

RODRÍGUEZ RODRÍGUEZ, Emma (2022) La «soberanía sobre el tiempo». Unilateralidad e imposición en la distribución del tiempo de trabajo frente a conciliación corresponsable. *Cuadernos de Relaciones Laborales*, pp. 37-55

ROJO TORRECILLA, Eduardo (2025) Duración del tiempo de trabajo, empleo y cambio climático en *Tiempo de trabajo y cambio climático XXXV Congreso Anual de la Asociación Española de Derecho del Trabajo y de la Seguridad Social* Valencia, 29 y 30 de mayo de 2025 COLECCIÓN INFORMES Y ESTUDIOS Serie Empleo Núm. 70, MINISTERIO DE TRABAJO Y ECONOMÍA SOCIAL Subdirección General de Informes, Recursos y Publicaciones.

ROJO TORRECILLA, Eduardo (2025) Se apagaron, de momento, los focos de la reducción legal de la jornada anual del trabajo. Se encienden los del registro de jornada. *El nuevo y cambiante mundo del trabajo. Una mirada abierta y crítica a las nuevas realidades laborales.* 12 septiembre 2025.
—http://www.eduardorojotorrecilla.es/2025/09/se-apagaron-de-momento-los-focos-de-la.html

SÁEZ LARA, Carmen (2020) Algoritmos y discriminación en el empleo: un reto para la normativa antidiscriminatoria. *Revista Española de Derecho del Trabajo.* N°232, pp.36-47.

SÁEZ LARA, Carmen (2020) Registro salarial e igualdad retributiva entre mujeres y hombres tras el RDL 6/2019: una primera aproximación. *Revista Derecho Social y Empresa,* ISSN-e 2341-135X, Nº. 12, 2020 (Ejemplar dedicado a: Reformas en materia de igualdad entre hombres y mujeres), pp. 37-60.

SALIDO BANÚS, José Luis; BARCELÓ FERNÁNDEZ, Jesús (2015) El tiempo de trabajo: los compromisos asumidos por España por la ratificación de los diferentes convenios de la OIT y su cumplimiento por la ley y los convenios colectivos, en *RMESS,* nº117/2015.

SANCHO ARANZASTI, Ana (2025) Reducción de jornada. Luces y sombras de un proyecto que no termina de ultimarse. ElDerecho.com, Lefebvre.

SERRANO ARGÜESO, Mariola (2025). «¿Menos horas, más vida? Análisis jurídico y social del debate que divide a España sobre la duración máxima de la jornada laboral», *Revista General de Derecho del Trabajo y de la Seguridad Social,* n.º 70.

SIERRA HERNÁIZ, Elisa (2022), La reordenación del tiempo de trabajo de las mujeres, en MALDONADO MONTOYA, Juan Pablo; MARÍN MORAL, Isabel; SEMPERE NAVARRO, Antonio V. *La reordenación del tiempo de trabajo,* Colección de Derecho del Trabajo y Seguridad Social Agencia Estatal Boletín Oficial del Estado Madrid, 2022.

TRILLO PÁRRAGA, Francisco José (2024) Reducción de la jornada de trabajo en la Unión Europea. The LEFT in The European Parliament, B-1047 Brussels, Belgium.

VEGA RUÍZ, Mª Luz (2020). La soberanía del tiempo de trabajo: Un nuevo enfoque para un concepto tradicional. *Revista Derecho Social y Empresa*, N.º 13, 2020.

VELASCO FERNÁNDEZ, Diego (2024) El tiempo de apoyo al trabajo. Una actualización del concepto de tiempo de trabajo. *Revista Crítica de Relaciones de Trabajo, Laborum. nº 12* (2024): pp. 115-161.

VELASCO PORTERO, María Teresa (2015). El conflicto entre conciliación y necesidades empresariales en la organización del tiempo de trabajo: regulación legal, doctrina judicial e importancia de la negociación, en *Revista General de Derecho del Trabajo y de la Seguridad Social*, núm. 41.

VIQUEIRA PÉREZ, Carmen (2021) Límites a la adaptación de jornada para la conciliación de la vida familiar (art. 34.8 ET). *Revista de Jurisprudencia Laboral. Número 4/2021.*
—https://www.boe.es/biblioteca_juridica/anuarios_derecho/articulo.php?id=ANU-L-2021-00000001268.

VIII. Normativa y Documentación

VIII.1. NORMATIVA Y DOCUMENTOS INTERNACIONALES

Directiva 93/104/CE del Consejo, 23 de noviembre 1993, relativa a determinados aspectos de la ordenación del tiempo de trabajo.

Directiva 2019/1158 UE, del Parlamento Europeo y del Consejo, de 20 de junio de 2019, relativa a la conciliación de la vida familiar y la vida profesional de los progenitores y los cuidadores, publicada en DOUE de 12 de julio de 2019.

Directiva 92/85/CEE del Consejo, de 19 de octubre, relativa a la aplicación de medidas para promover la mejora de la seguridad y de la salud en el trabajo de la trabajadora embarazada.

Directiva 93/104/CE, de 23 de noviembre de 1993, sobre ordenación del tiempo de trabajo, destacando como cuestión fundamental la necesidad de conciliar la vida profesional y personal.

Directiva 96/34/CE del Consejo, de 3 de junio de 1996, relativa al Acuerdo marco sobre el permiso parental, celebrado el 14 de diciembre de 1995 por la UNICE (Unión de Confederaciones de la Industria de Europa), CEEP (Centro Europeo de la Empresa Pública) y la CES (Confederación Europea de Sindicatos.

Directiva 1997/81/CE, de 15 de diciembre de 1997, sobre trabajo a tiempo parcial, que establecía un marco general para la eliminación de discriminaciones en relación con la conciliación, de los trabajadores a tiempo parcial.

Directiva 2000/78/CE, del Consejo, de 27 de noviembre de 2000, que establece un marco general para la igualdad de trato en el empleo.

Directiva 2000/43/CE, de 29 de junio, relativa a la aplicación del principio de igualdad de trato de las personas independientemente de su origen racial o étnico.

Directiva 2002/73, de 23 de septiembre de 2002, que modifica la Directiva 76/207/CEE del Consejo, de 9 de febrero de 1976, relativa al principio de igualdad de trato entre hombres y mujeres para acceder al empleo, a la formación, a la promoción profesional y a las condiciones de trabajo.

Directiva 2006/54/CE del Parlamento Europeo y del Consejo, de 5 de julio de 2006, relativa a la aplicación del principio de igualdad de oportunidades e igualdad de trato entre hombres y mujeres en asuntos de empleo y ocupación.

Directiva 2010/18/UE del Consejo, de 8 de marzo de 2010 por la que se aplica el Acuerdo marco revisado sobre el permiso parental, celebrado por BUSINESS EUROPE, la UEAPME, el CEEP y la CES, que perseguía mejorar la conciliación de la vida profesional, privada y familiar para los trabajadores con hijos y la igualdad entre hombres y mujeres por lo que respecta a las oportunidades en el mercado laboral y al trato en el trabajo (Acuerdo marco revisado sobre el permiso parental y que deroga la anterior directiva 96/34 CE).

Pilar Europeo de Derecho Sociales en 2017.

Reglamento de la Unión Europea 2016/679 del Parlamento Europeo y del Consejo de 27 de abril de 2016, relativo a la protección de las personas físicas en lo que respecta al tratamiento de datos personales y a la libre circulación de estos datos y por el que se deroga la Directiva 95/46/CE. DOUE de 4 de mayo de 2016.

OIT *Estudio General relativo a los instrumentos sobre el tiempo de trabajo.* Conferencia Internacional del Trabajo, 107.ª reunión, 2018. ILC.107/III/(B).

OIT. *El trabajo decente y la economía del cuidado* Conferencia Internacional del Trabajo 112.ª reunión, 2024. ILC.112/Informe VI.

OIT. *World Employment Social Outlook: Trends for women* 2017, 7 (Perspectivas Sociales y del Empleo en el Mundo: Tendencias 2017.

GALLUP, OIT: *Towards a better future for women at work: Voices of women and men,* 2017, pp. 39 y 44 y OIT, Ginebra.

OIT. *Las mujeres en el trabajo: Tendencias* 2016.

OIT. *Perspectivas Sociales y del Empleo en el Mundo: Transformar el empleo para erradicar la pobreza* Oficina Internacional del Trabajo, Ginebra, 2016.

OIT, *Las mujeres en la gestión empresarial: Argumentos para el cambio,* 2019.

Conferencia Internacional del Trabajo. 107ª Reunión (2018). *Garantizar un tiempo de trabajo decente para el futuro.*

OIT, Informe *No dejar a nadie atrás: construir una protección de los trabajadores inclusiva en un mundo del trabajo en evolución, de 12 de mayo de 2023.*

OIT. *El trabajo decente y la economía del cuidado* Conferencia Internacional del Trabajo 112.ª reunión, 2024. ILC.112/Informe VI.

Carta Social Europea, Turín 18 de octubre de 1961. Instrumento de ratificación de 29 de abril de 1980.

OIT. *Garantizar un tiempo de trabajo decente para el futuro* Conferencia Internacional del Trabajo, 107ª Reunión, 2018. ILC.107/III/(B).

OCDE, «Wide Gap in Pension Benefits between Men and Women», Blog de la OCDE sobre igualdad de género, marzo de 2020.

Naciones Unidas. Noticias ONU. Mirada global Historias humanas, 3 de diciembre de 2018. https://news.un.org/es/story/2018/12/1447471.

OIT. *Convenio sobre el trabajo a domicilio,* núm. 177 (1996). España depositó los instrumentos de ratificación el 25 de mayo de 2022 y entró en vigor el 25 de mayo de 2023.

OIT. *Declaración del Centenario de la OIT para el Futuro del Trabajo,* 1 de junio de 2019.

OIT. *Recomendación sobre el trabajo a domicilio,* núm. 184 (1996).

European Agency for Safety and Health at Work, *Explorando la dimensión de género del teletrabajo: implicaciones para la seguridad y la salud en el trabajo* (2024).

Eurofound, Sixth European working conditions survey, Luxembourg, Publications Office of the European Union, 2016.

Carta Comunitaria de Derechos Sociales Fundamentales, de 19 de diciembre de 1989.

VIII.2. NORMATIVA NACIONAL

Ley de 24 de julio de 1873, (Ley Benot). Publicada en Gaceta de Madrid, n.º 209, de 28 de julio de 1878.

Ley relativa al contrato de trabajo, de 21 de noviembre de 1931. Publicada en gaceta de Madrid el 22 de noviembre de 1931, n.º 326, pp. 1130-1138.

Ley 39/1999, de 5 de noviembre, para promover la conciliación de la vida familiar y laboral de las personas trabajadoras. BOE núm. 266, de 6 de noviembre de 1999.

Ley Orgánica 3/2007, de 22 de marzo, para la igualdad efectiva de mujeres y hombres. Publicada en BOE núm. 71, de 23 de marzo de 2007.

LO 3/2018, de 5 de diciembre, de Protección de Datos Personales y Garantía de Derechos Digitales. BOE de 6 de diciembre de 2018 (LOPDP).

Ley Orgánica 1/2025, de 2 de enero, de medidas en materia de eficiencia del Servicio Público de Justicia. BOE núm. 3, de 3 de enero de 2025

Real Decreto-ley 6/2019, de 1 de marzo, de medidas urgentes para garantía de la igualdad de trato y de oportunidades entre mujeres y hombres en el empleo y la ocupación. Publicado en BOE núm. 57, de 7 de marzo de 2019

Real Decreto-ley 8/2019, de 8 de marzo, de medidas urgentes de protección social y de lucha contra la precariedad laboral en la jornada de trabajo. BOE núm. 61, de 12 de marzo de 2019, páginas 23156 a 23181.

Real Decreto-ley 5/2023, de 28 de junio, por el que se adoptan y prorrogan determinadas medidas de respuesta a las consecuencias económicas y sociales de la Guerra de Ucrania, de apoyo a la reconstrucción de la isla de La Palma y a otras situaciones de vulnerabilidad; de transposición de Directivas de la Unión Europea en materia de modificaciones estructurales de sociedades mercantiles y conciliación de la vida familiar y la vida profesional de los progenitores y los cuidadores; y de ejecución y cumplimiento del Derecho de la Unión Europea. Publicado en BOE núm. 154, de 29 junio de 2023

Reglamento para la aplicación de la Ley de 13 de marzo de 1900 acerca del trabajo de mujeres y niños. Publicado en Gaceta de Madrid, n.º 319, de 15 de noviembre de 1900.

—https://www.boe.es/datos/pdfs/BOE/1900/319/A00562-00562.pdf

Proyecto de Ley para la reducción de la duración máxima de la jornada ordinaria de trabajo y la garantía del registro de jornada y el derecho a la desconexión. BOLETÍN OFICIAL DE LAS CORTES GENERALES CONGRESO DE LOS DIPUTADOS XV LEGISLATURA Serie A: PROYECTOS DE LEY 16 de mayo de 2025 Núm. 58-1.

Resolución de 6 de marzo de 2020, de la Dirección General de Trabajo, por la que se registra y publica el VIII Convenio colectivo estatal del corcho. BOE núm. 135, de 14 de mayo de 2020, pp. 33023 a 33101

Resolución de 18 de noviembre de 2021, de la Dirección General de Trabajo, por la que se registra y publica el Convenio colectivo de Heineken España, SA. BOE núm. 288, de 2 de diciembre de 2021, pp.149040 a 149107.

Resolución 15 de diciembre de 2021, de la Dirección General de Trabajo, por la que se registra y publica el Convenio colectivo general de ámbito estatal para el sector de entidades de seguros, reaseguros y mutuas colaboradoras con la Seguridad Social, BOE núm. 310, de 27 de diciembre de 2021, pp. 163697 a 163786.

Resolución de 18 de enero de 2022, de la Dirección General de Trabajo, por la que se registra y publica el Convenio colectivo estatal del sector de radiodifusión comercial sonora. BOE núm. 24, de 28 de enero de 2022, pp. 11478 a 11517.

Resolución de 14 de febrero de 2022, de la Dirección General de Trabajo, por la que se registra y publica el VII Convenio colectivo sectorial estatal de cadenas de tiendas de conveniencia. BOE núm. 48, de 25 de febrero de 2022, pp. 22640 a 22674

Resolución de 24 de febrero de 2022, de la Dirección General de Trabajo, por la que se registra y publica el V Convenio colectivo sectorial estatal de servicios externos auxiliares y atención al cliente en empresas de servicios ferroviarios. BOE núm. 58, de 9 de marzo de 2022, pp. 28131 a 28176.

Resolución de 9 de marzo de 2023, de la Dirección General de Trabajo, por la que se registra y publica el Convenio colectivo estatal para las industrias de curtido, correas y cueros industriales y curtición de pieles para peletería. BOE núm. 69, de 22 de marzo de 2023, pp. 43023 a 43079

Resolución de 24 de marzo de 2023, de la Dirección General de Trabajo, por la que se registra y publica el Convenio colectivo de la industria del calzado. BOE núm. 85, de 10 de abril de 2023, pp. 51548 a 51595.

Resolución de 19 de mayo de 2023, de la Dirección General de Trabajo, por la que se registra y publica el V Acuerdo para el Empleo y la Negociación Colectiva. BOE núm. 129, de 31 de mayo de 2023, pp. 75426 a 75447.

Resolución de 30 de mayo de 2023, de la Dirección General de Trabajo, por la que se registra y publica el III Convenio colectivo de ámbito estatal del sector de contact center. BOE núm. 137, de 9 de junio de 2023, pp. 82467 a 82519.

Resolución de 13 de julio de 2023, de la Dirección General de Trabajo, por la que se registra y publica el XVIII Convenio colectivo estatal de empresas de consultoría, tecnologías de la información y estudios de mercado y de la opinión pública. BOE núm. 177, de 26 de julio de 2023, pp. 108962 a 109002;

Resolución de 28 de agosto 2023 de la Dirección General del Trabajo, por la que se registra y publica el IX Convenio colectivo estatal del corcho, BOE núm. 214, de 7 de septiembre de 2023, pp. 123209 a 123285.

Resolución de 6 de febrero de 2025, de la Dirección General de Trabajo, por la que se registra y publica el VI Convenio colectivo marco del Grupo Endesa. BOE núm. 41, de 17 de febrero de 2025, pp. 22011 a 22154.

CONSEJO ECONÓMICO Y SOCIAL ESPAÑA Sesión ordinaria Pleno de 26 de febrero de 2025. *Sobre el Anteproyecto de Ley para la Reducción de la duración máxima de la jornada ordinaria de trabajo, el registro de jornada y el derecho a la desconexión* DEPARTAMENTO DE PUBLICACIONESNICES: 878-2025. *Colección Dictámenes* Número 1/2025.

INE. Módulo sobre conciliación entre la vida laboral y la vida familiar 2018. Madrid, 2019.

Instituto de Seguridad y Bienestar Laboral. Informe Observa PRL.org *La brecha de género y su impacto en la salud mental de las trabajadoras y los trabajadores en España | 2025.*

—*La jornada laboral en España. Herramientas para la negociación de la reducción del tiempo de trabajo.* Dirección Vicesecretaría General de Política Sindical de UGT, octubre 2024.

IX. Jurisprudencia

IX.1. TRIBUNAL DE JUSTICIA DE LA UNIÓN EUROPEA

STJUE de 17 de mayo de 1990, C-262/88, *Barber/Guardian Royal Exchange Assurance Group*)
STJUE de 22 de noviembre de 2012, C-385/11, *Isabel Elbal Moreno/INSS*
STJUE de 21 de enero de 2021, C-843/19, *INSS y BT.*
STJUE (Sala Octava), de 25 de febrero de 2021. XI contra Caisse pour l'avenir des enfants.

IX.2. TRIBUNAL CONSTITUCIONAL

Pleno. Sentencia 210/1990, de 20 de diciembre. Cuestión de inconstitucionalidad 834/1985. En relación con la Disposición transitoria de la Ley 4/1983, de 29 de junio, de reforma del Estatuto de los trabajadores, en materia de jornada máxima legal y vacaciones mínimas. BOE núm. 9, de 10 de enero de 1991, pp. 69 a 73
STC Pleno 79/2020, de 2 de julio; sentencia por la que se ampara a una trabajadora con reducción de jornada, por discriminación indirecta al minorar la empresa el tiempo de descanso.

TC Sala Segunda. Recurso de amparo número 539/1983. Sentencia número 34/1984, de 9 de marzo. BOE núm. 80, de 3 de abril de 1984, pp. 16 a 17.

TC. Sala Primera. Sentencia 3/2007, de 15 de enero de 2007. Recurso de amparo 6715-2003. BOE núm. 40, de 15 de febrero de 2007, pp. 13 a 19.

TC Sala Primera. Sentencia 26/2011, de 14 de marzo de 2011. Recurso de amparo 9145-2009. Voto particular formulado por *el Magistrado don Pablo Pérez Tremps.* BOE núm. 86, de 11 de abril de 2011, pp. 64 a 77.

IX.3. TRIBUNAL SUPREMO

STS 4942/2021. Tribunal Supremo. Sala de lo Social, de 21 de diciembre de 2021, N.º de Recurso: 64/2020 N.º de Resolución: 1286/2021 Procedimiento: Recurso de casación para la unificación de doctrina Ponente: IGNACIO GARCIA-PERROTE ESCARTIN.

STS 4316. Tribunal Supremo. Sala de lo Social Sección: 1, de 24 de septiembre de 2025, N.º de Recurso: 917/2024, N.º de Resolución: 825/2025. Recurso de casación para la unificación de doctrina. Ponente: JUAN MARTINEZ MOYA.

STS 5045/2023. Sala de lo Social, de 21 de noviembre de 2023. N.º de Recurso: 3576/2020. N.º de Resolución: 983/2023. Procedimiento: Recurso de casación para la unificación de doctrina. Ponente: ANGEL ANTONIO BLASCO PELLICER.

STS 4335/2025 Sala de lo Social, de 29 de septiembre de 2025 N.º de Recurso: 2756/2024 N.º de Resolución: 832/2025 Procedimiento: Recurso de casación para la unificación de doctrina Ponente: ISABEL OLMOS PARES.

STS 175/2025. Sala de lo Social, de 14 de enero de 2025. N.º de Recurso: 1038/2023. N.º de Resolución: 4/2025. Procedimiento: Recurso de casación para la unificación de doctrina. Ponente: JUAN MOLINS GARCIA-ATANCE.

STS 3548/2022. Sala de lo Social, de 4 de octubre de 2022. N.º de Recurso: 574/2019. N.º de Resolución: 795/2022 Procedimiento: Recurso de casación para la unificación de doctrina Ponente: IGNACIO GARCIA-PERROTE ESCARTIN

STS 4246/2024, Sala de lo Social, de 17 de julio de 2024. N.º de Recurso: 851/2022. N.º de Resolución: 1028/2024. Procedimiento: Auto de aclaración Ponente: MARIA LUZ GARCIA PAREDES.

STS 4135/2025, Sala de lo Social, de 23 de septiembre de 2025. N.º de Recurso: 259/2023. N.º de Resolución: 813/2025. Procedimiento: Recurso de casación. Ponente: SEBASTIAN MORALO GALLEGO

STS 3343/2025, Sala de lo Social, de 2 de julio de 2025. N.º de Recurso: 1019/2024. N.º de Resolución: 681/2025. Procedimiento: Auto de aclaración. Ponente: JUAN MANUEL SAN CRISTOBAL VILLANUEVA

STS 3013/202, Sala de lo Social, de 12 de junio de 2025. N.º de Recurso: 3892/2023. N.º de Resolución: 588/2025. Procedimiento: Recurso de casación para la unificación de doctrina. Ponente: IGNACIO GARCIA-PERROTE ESCARTIN:

STS 2433/2023, Sala de lo Social, de 25 de mayo de 2023. N.º de Recurso: 1602/2020. N.º de Resolución: 379/2023. Recurso de casación para la unificación de doctrina. Ponente: MARIA LUZ GARCIA PAREDES.

STS 4316/2025. Sala de lo Social, de 24 de septiembre de 2025. N.º de Recurso: 917/2024. N.º de Resolución: 825/2025. Procedimiento: Recurso de casación para la unificación de doctrina. Ponente: JUAN MARTINEZ MOYA.

STS 4942/2021. Tribunal Supremo. Sala de lo Social, de 21 de diciembre de 2021, N.º de Recurso: 64/2020 N.º de Resolución: 1286/2021 Procedimiento: Recurso de casación para la unificación de doctrina Ponente: IGNACIO GARCIA-PERROTE ESCARTIN.

STS 8449/2009. Tribunal Supremo. Sala de lo Social. Sección: 1 de 21 de diciembre de 2009 N.º de Recurso: 201/2009. Ponente: MARIA LOURDES ARASTEY SAHUN

STS 84/2017. Tribunal Supremo. Sala de lo Social. Sección: 1, de 10 de enero de 2017. N.º de Rec: 283/2015. N.º de Resolución:10/2017. Ponente: MARIA LOURDES ARASTEY SAHUN.

STS 2045/2020 Tribunal Supremo. Sala de lo Social. Sección: 1 de 10 de marzo de 2020. N.º de Recurso: 221/2018 N.º de Resolución: 224/2020. Ponente: MARIA LOURDES ARASTEY SAHUN

STS 4115/2025 Tribunal Supremo. Sala de lo Social Sección: 1, de 18 de septiembre de 2025 N.º de Recurso: 1692/2024 N.º de Resolución: 800/2025 Procedimiento: Recurso de casación para la unificación de doctrina Ponente: IGNACIO GARCIA-PERROTE ESCARTIN

STS 4494/2008 Tribunal Supremo. Sala de lo Social. Sección: 1, 13 de Junio de 2008. N.º de Recurso: 897/2007. Ponente: VICTOR ELADIO FUENTES LOPEZ

STS 4569/2008. Tribunal Supremo. Sala de lo Social. Sección: 1 Fecha: 18/06/2008 Nº de Recurso: 1625/2007 Ponente: MILAGROS CALVO IBARLUCEA

STS 6968/2009 Tribunal Supremo. Sala de lo Social Sección: 1 de 19 de octubre de 2009 Nº de Recurso: 3910/2008 Ponente: LUIS RAMON MARTINEZ GARRIDO

STS 3902/2009 Tribunal Supremo. Sala de lo Social Sección: 1 de 20 de mayo de 2009 Nº de Recurso: 2286/2008 Ponente: LUIS RAMON MARTINEZ GARRIDO

STS 6165/2010 Tribunal Supremo. Sala de lo Social Sección: 1 de 20 de octubre de 2010 Nº de Recurso: 3501/2009 Ponente: JOSE MANUEL LOPEZ GARCIA DE LA SERRANA

IX.4. AUDIENCIA NACIONAL

SAN Madrid 428/2025. Sala de lo Social. Sección: 1 de 20 de octubre de 2025. N.º de Recurso: 217/2025. N.º de Resolución: 141/2025 Procedimiento: Conflicto colectivo Ponente: JUAN GIL PLANA

SAN 4061/2023 ECLI:ES:AN:2023:4061, SAN, a 10 de julio de 2023,Nº de Resolución: 90/2023; Nº Recurso: 129/2023. Ponente: ANA SANCHO ARANZASTI.

IX.5. TRIBUNALES SUPERIORES DE JUSTICIA

STSJ M 12066/2025, STSJ Madrid, a 16 de octubre de 2025, N.º de Resolución: 730/2025. N.º Recurso: 156/2025 Ponente: MARIA ISABEL SAIZ ARESES

STSJ GAL 6686/2020 STSJ de Galicia, Sala de lo Social (A Coruña), de 6 de noviembre de 2020, N.º de Resolución: 4497/2020. Rec. n.º 2046/2020, Ponente: PILAR YEBRA-PIMENTEL VILAR.

STSJ CANT 1171/2023, Sala de lo Social (Santander), de 5 de diciembre de 2023 N.º de Recurso: 757/2023. N.º de Resolución: 826/2023. Procedimiento: Recurso de suplicación Ponente: ELENA PEREZ PEREZ.

STSJ GAL 739/2024. Sala de lo Social Coruña (A), Sección: 1, de 18 de enero de 2024. N.º. de Rec. 4378/2023 N.º. de Resolución: 244/2024. Ponente: JOSE FERNANDO LOUSADA AROCHENA.

STSJ Cantabria, Sala de lo Social, Sentencia 373/2023, de 19 de mayo de 2023. Rec. n.º 244/2023. PONENTE: Mercedes Sancha Saiz

STSJ de Galicia (social): de 3 de febrero de 2022 (Rec. n.º 5108/2021), y de 5 de diciembre de 2019 (Rec. n.º 5209/2019).

STSJ ICAN 779/2020. Sala de lo Social, Palmas de Gran Canaria (Las) Sección: 1, de 1 de septiembre de 2020, N.º Recurso: 197/2020. N.º de Resolución: 996/2020. Procedimiento: Recurso de suplicación. Ponente: GLORIA POYATOS MATAS

STSJ Sala de lo Social (Las Palmas de Gran Canaria), de 13 de octubre de 2025. Recurso de Suplicación N.º Rollo: 860/2025. Ponente: JAVIER ERCILLA GARCÍA.

STSJ GAL 6686/2020. STSJ Galicia, de 06 de noviembre de 2020, Coruña (A). N.º de Resolución: 4497/2020. N.º Recurso: 2046/2020. Ponente: PILAR YEBRA-PIMENTEL VILAR.

STSJ AND 8379/2025, STSJ Andalucía, de 8 de mayo de 2025. N.º de Resolución: 1209/2025. N.º Recurso: 1100/2024. Ponente: BEATRIZ PEREZ HEREDIA

STSJ M 12066/2025, STSJ Madrid, a 16 de octubre de 2025, N.º de Resolución: 730/2025. N.º Recurso: 156/2025 Ponente: MARIA ISABEL SAIZ ARESES.

STSJ AR 41/2021. Tribunal Superior de Justicia. Sala de lo Social. Zaragoza Sección 1, de 19 de enero de 2021. N.º de Recurso 637/2020. N.º de Resolución: 13/2021. Recurso de suplicación Ponente: JOSE ENRIQUE MORA MATEO.

Roj: STSJ PV 1999/2020. Tribunal Superior de Justicia. Sala de lo Social, Bilbao Sección: 1, de 20 de octubre de 2020. N.º de Recurso: 1157/2020. N.º de Resolución: 1343/2020. Recurso de suplicación Ponente: JOSE LUIS ASENJO PINILLA

STSJ de Asturias (social), 22 de enero de 2019 (Rec. n.º 2815/2018); STSJ de Andalucía (social), 1 de febrero de 2018 (Rec. n.º 4108/2017).

STSJ Galicia (social), 3 de febrero de 2022 (Rec. n.º 5108/2021).

STSJ Galicia (social), 3 de febrero de 2022 (Rec. n.º 5108/2021).

STSJ (social) de Castilla-La Mancha, de 3 de diciembre de 2008 (Rec. n.º 32/2008)

STSJ (social) de Madrid, 27 de febrero de 2009 (Rec. n.º 4739/2008)

STSJ (social) de Madrid, 2 de marzo de 2010 (Rec. n.º 5855/2009)

STSJ (social) de Madrid, 16 de enero de 2012 (Rec. n.º 1187/2011)

STSJ (social) de Madrid, 10 de mayo de 2012 (Rec. n.º 2426/2011)

STSJ (social) de Madrid, 16 de mayo de 2012 (Rec. n.º 2946/2011)

STSJ (social) de Madrid, 16 de diciembre de 2013 (Rec. n.º 1538/2013)

STSJ (social) de Galicia, 23 de julio de 2009 (Rec. n.º 1229/2009)

STSJ (social) de Galicia, 23 de mayo de 2014 (Rec. n.º 50/2014)

STSJ (social) de Castilla y León, 17 de junio de 2009 (Rec. n.º 390/2009)

STSJ (social) de Castilla y León, 29 de abril de 2010 (Rec. n.º 221/2010)

STSJ (social) de Aragón, 5 de noviembre de 2008 (Rec. n.º 792/2008)

STSJ (social) de Andalucía, 6 de mayo de 2010 (Rec. n.º 2497/2009)

STSJ (social) de Castilla y León, 11 de enero de 2012 (Rec. n.º 1745/2011).

STSJ (social) de J Canarias, de 18 de marzo de 2013 (Rec. n.º 244/2011)

STSJ (social) de Canarias, 25 de septiembre de 2019 (Rec. n.º 765/2019)

STSJ (social) de Galicia, 21 de noviembre de 2011 (Rec. n.º 1388/2010)

STSJ (social) de Galicia, 9 de octubre de 2012 (Rec. n.º 3057/2009)

STSJ (social) de Madrid 351/2022, de 8 de abril (Rec. 1133/2021)

STSJ (social) de Madrid 211/2022, de 14 de marzo (Rec. 939/2021).

IX.6. JUZGADOS DE LO SOCIAL

SJSO 4880/2019, SJS de Valladolid, secc. 1, de 22 noviembre 2019 (Rec. 667/2019), N.º de Resolución: 426/2019. Ponente: ALFONSO GONZALEZ GONZÁLEZ.

SJSO 723/2022. Juzgado de lo Social, Palma de Mallorca, Sección: 2, de 4 de febrero de 2022. N.º de Recurso: 265/2021, N.º de Resolución: 30/2022, Procedimiento: Derecho de conciliación de la vida personal, familiar y laboral reconocidos legal o convencionalmente. Ponente: HELENA ANIORTE CONESA.

SJSO 727/2022. Juzgado de lo Social. Burgos Sección: 1, de 31 de enero de 2022. N.º de Recurso: 10/2022. N.º de Resolución: 49/2022. Procedimiento: Derecho de conciliación de la vida personal, familiar y laboral reconocidos legal o convencionalmente. Ponente: MARIA ASUNCION PUERTAS IBAÑEZ.

SJSO 4831/2019. SJSO Mataró (Barcelona), de 12 de septiembre de 2019. N.º de Resolución: 251/2019. N.º Recurso: 642/2019. Ponente: RAQUEL MARTIN BAILON.

SJSO 723/2022. Juzgado de lo Social, Palma de Mallorca, Sección: 2, de 4 de febrero de 2022. N.º de Recurso: 265/2021, N.º de Resolución: 30/2022, Procedimiento: Derecho de conciliación de la vida personal, familiar y laboral reconocidos legal o convencionalmente. Ponente: HELENA ANIORTE CONESA.

SJSO 727/2022. Juzgado de lo Social. Burgos Sección: 1, de 31 de enero de 2022. N.º de Recurso: 10/2022. N.º de Resolución: 49/2022. Procedimiento: Derecho de conciliación de la vida personal, familiar y laboral reconocidos legal o convencionalmente. Ponente: MARIA ASUNCION PUERTAS IBAÑEZ.